Georg Oswald May:
Catharina Elisabeth Goethe geb. Textor, 1776

BRIEFE DER FRAU RAT GOETHE

Ausgewählt und herausgegeben von Joachim Seng

Insel Verlag

Insel-Bücherei Nr. 1509

BRIEFE DER FRAU RAT GOETHE

»Und Lust zu fabulieren«

Die schönsten Briefe von Catharina Elisabeth Goethe

SELBSTAUSKUNFT

An Gustav Friedrich Wilhelm Großmann

Franckfurth d 19ten May 1780

Lieber Herr Gevatter!

[…] Nochmahls vielen Danck vor alle die Freuden und vergnügten Tage die Sie mir vier hübsche Wochen lang tag täglich verursacht und gemacht haben. Bey meiner Lage, bey der stille die um mich herum herscht ists nöthig, ists Wohlthat wenn mir was vor die Seele gestelt wird das sie aufzieht, in die höhe spant, daß sie ihre anziehende kraft nicht verliehrt. Doch da mir Gott die Gnade gethan, daß meine Seele von Jugend auf keine Schnürbrust angekriegt hat, sondern daß Sie nach Hertzens tust hat wachsen und gedeihen, Ihre Äste weit ausbreiten können u.s.w. und nicht wie die Bäume in den langweiligen Zier Gärten zum Sonnenfächer ist verschnitten und verstümmelt worden; so fühle ich *alles* was wahr gut und brav ist, mehr als villeicht Tausend andre meines Geschlechts – und wenn ich im Sturm und Drang meines Hertzens im Hamlet vor innerlichem Gefühl und Gewühl nach Luft und Odem schnappe, so kan eine andre die neben mir sitzt, mich angaffen, und sagen, es ist ja nicht wahr, sie spielens ja nur so – Nun eben dieses unverfälschte und starcke Nathur gefühl bewahrt meine Seele |:Gott sey ewig Danck:| vor Rost und Fäulniß. Den letzen Tag

Ihres hirseyns wäre ich zum Beschluß noch recht vergnügt – Henriette hat mir gantz auserordentlich behagt, bittens uns auf künfftige Meße zum Regal und Hertzens weide wieder aus. Heut ist mit Schiffer Frantz Matheus mein und meines Sohns Gibs Gesicht, wie auch die Nackäsche an Ihnen abgegangen – Wünsche viele Freude dran zu erleben. Leben Sie recht wohl! Grüßen vielmahls von mir |:besonders aber vom Papa:| Ihre liebe Frau, Lotte, Hänßgen, Fritze, Fräntzgen und Antonette |:Sie sehen doch daß ich die nahmen hübsch behalten kan:| Kommen Sie die Meße gesund und vergnügt wieder zu uns – Laßen Sie Ihre Herrn Schauspieler nebst Frauen und Jungfrauen ihre Rollen recht schön einstudiren – damit ich und andre brave Menschen in der herrlichen Täuschung erhalten werden, Im Hamlet und andern ihm ähnlichen stücken, von gantzer Seele flennen – In den 6 Schüßlen, in der Jagdt von gantzer Seele lachen – In Trau schau wem – bald über das unglückliche paar hertziniglich betrübt sind – bald über den drolligen pips tränen lachen. Summa Summarum – daß alles hübsch klapt und paßt. Nun nocheinmahl leben Sie wohl! Und glauben daß ich bin

Ihre wahre Freundin C.E. Goethe

An Friedrich von Stein

Frankfurth, den 9. September 1784

Lieber Sohn!

[…] Ich danke Ihnen von ganzem Herzen vor die Schilderung Ihrer mir so lieben und interessanten Person – besonders freut es mich, daß Sie Ihr Gutes und Nichtgutes schon so hübsch kennen. Bravo! lieber Sohn! das ist der einzige Weg, edel, groß, und der Menschheit nützlich zu werden; ein Mensch, der seine Fehler nicht weiß, oder nicht wissen will, wird in der Folge unausstehlich, eitel, voll von Pretensionen, – intolerant, – niemand mag ihn leiden, – und wenn er das größte Genie wäre, ich weiß davon auffallende Exempel. Aber das Gute, das wir haben, müssen wir auch wissen, das ist eben so nöthig, eben so nützlich, – ein Mensch, der nicht weiß, was er gilt, der nicht seine Kraft kennt, folglich keinen Glauben an sich hat, ist ein Tropf, der keinen festen Schritt und Tritt hat, sondern ewig im Gängelbande geht und *in seculum seculorum* – Kind bleibt. Lieber Sohn, bleiben Sie auf diesem guten Wege, und Ihre vortrefflichen Eltern werden den Tag Ihrer Geburt segnen. Es ist ein großes Zeichen Ihrer Liebe und Freundschaft, daß Sie eine genaue Beschreibung von meiner Person verlangen, hier schicke ich Ihnen zwei Schattenrisse, – freilich ist an dem großen die Nase etwas zu stark, – und der kleine zu jugendlich, mit alle dem ist im Ganzen viel Wahres drinnen. Von Person bin ich ziemlich groß und ziemlich korpulent, – habe braune Augen und Haar, – und getraute mir die Mutter von Prinz Hamlet nicht übel vorzustellen. Viele Personen, wozu auch die Fürstin von Dessau gehört, behaupten, es wäre gar nicht zu verkennen, daß Goethe mein Sohn wäre. Ich kann das nun eben nicht finden, – doch muß etwas daran seyn, weil es schon so oft ist behauptet worden. Ordnung und Ruhe sind Hauptzüge meines Charakters, – daher thu' ich Alles gleich frisch von der Hand weg, – das Unangenehmste immer zuerst, – und verschlucke den Teufel |:nach dem weisen Rath des Gevatters Wieland:| ohne ihn erst lange zu bekucken; liegt denn Alles wieder in den alten Falten, – ist Alles unebene wieder gleich, dann biete ich dem Trotz, der mich in gutem Humor übertreffen wollte. Nun, lieber Sohn, kommen Sie einmal und sehen Sie das Alles selbst mit an, – ich werde Alles anwenden, um Ihnen Freude und Vergnügen zu verschaffen.

Seyn Sie versichert, daß ich ewig bin,
Ihre wahre Freundin und treue Mutter E.G.

An Charlotte von Stein

Franckfurth d 14ten Novemb 1785

Gnädige Frau Theureste Freundin!

[…] Es hat mich sehr gefreut, daß Dero Herr Sohn mit seinem Auffendhalt bey mir so zufrieden war – Ich habe wenigstens alles gethan, um Ihm meine Vaterstadt angenehm zu machen – und bin froh daß es mir geglückt ist – Zwar habe ich die Gnade von Gott, daß noch keine Menschenseele mißvergnügt von mir weggegangen ist – weß Standes, alters, und Geschlecht sie auch geweßen ist – Ich habe die Menschen sehr lieb – und das fühlt alt und jung gehe ohne pretention durch diese Welt und das behagt allen Evens Söhnen und Töchtern – bemoralisire niemand – suche immer die gute seite aus zuspähen – überlaße die schlimme dem der den Menschen schufe und der es am besten versteht, die scharffen Ecken abzuschleifen, und bey dieser Medote befinde ich mich wohl, glücklich und vergnügt. Ich erwarte mit nächstem von Ihnen neue Verhaltungs Befehle und erbiete meine Dinste vor jetzt und in Zukunft – womit die Ehre habe zu verharren, und mich zu fernerem Wohlwollen und Freundschafft auf beste zu empfehlen – und mich zu unterzeichnen

Gnädige Frau Dero,
gehorsambste dienerin und Freundin Goethe

An Goethe.
den 20ten Jenner 1798

Lieber Sohn!

Meinen besten Danck vor die mir überschickten Bücher – besonders vor den Schillerischen Musen allmanack – ich werde mir etwas mit zu gute thun [...] – Geleßen habe ich noch von alledem nichts – weil ich vermuthe daß es etwas genißbahres ist – und ich mir so was gern vor die ruhigen stunden des Sontags aufspahre – du wirst mir jederzeit Freude machen wenn du mir Dinge die dir aus mangel der Zeit doch nicht viel nützen anhero zu schicken, die Güte haben wilst. [...] Wir leben hir gantz ruhig und in der besten Hoffnung daß wir bleiben was wir sind. Ich vor meine Person befinde mich wie gewöhnlich gantz zufrieden – und laße die Dinge die ich doch nicht ändern kan ihren Gang gehen – nur Weimar ist der einzige Ort in der gantzen weiten Welt woher mir meine Ruhe gestöhrt werden könte – geht es meinen Lieben dort gut; so mag meinetwegen das rechte und lincke Reinufer zugehören wem es will – das stöhrt mich weder im Schlaf noch im Eßen. Daraus folgt nun daß Ihr mir von Zeit zu Zeit gute Nachrichten zusenden solt, damit ich gutes Muths bleibe – und meine noch übrigen Tage – Freut Euch des Lebens mit wahrheit und frohem Sinn Singen kan. Jetzt Lebe wohl! Grüße deine Lieben hertzlich von derjenigen die ist und bleibt

deine u ihre treue Mutter Goethe.

N.S. Bald hätte ich die schöne Musick vergeßen ich dancke davor – mein aufgewachtes kleines Musikalisches Talent hat dadurch einen neuen Sporn bekommen.

An Goethe.
den 6ten October 1807

Lieber Sohn!
Dein Brief der so ahnmuthig – lieblich und Hertzerquickend war machte mich froh und frölig! Da nahm ich nun sogleich die wohlgeschnitte Feder zu Hand und schriebe das was jetzt folgt. [...] Daß das überschickte Kleid noch zu so einem guten Endzweck gebraucht werden soll freut mich sehr. Fast täglich hat meine Lisse mit den herrlichen Spitzen noch einen Festtag – wer zu mir kommt muß sie sehen, am Freytag waren Stocks auf einen Thee und Rapuse Spielgen bey mir da kammen denn die Spitzen nathtürlich auch zum Vorschein, wurden bewundert – gelobt – und wer war glücklicher als Lisse! Herr Städel hat auch mit großem Jubel von dir gesprochen – und wird nicht müde das Carls baad zu loben – es hat Ihm aber auch gute Dinste gethan. Diese Meße war reich an – Profeßsoren!!! Da nun ein großer theil deines Ruhmes und Rufens auf mich zurück fält, und die Menschen sich einbilden ich hätte was zu dem großen Talendt beygetragen; so kommen sie denn um mich zu beschauen – da stelle ich denn mein Licht nicht unter den Scheffel sondern auf den Leuchter versichre zwar die Menschen daß ich zu dem was dich zum großen Mann und Tichter gemacht hat nicht das aller mindeste beygetragen hätte |: denn das Lob das mir nicht gebühret nehme ich nie an: | zudem weiß ich ja gar wohl wem das Lob und der Danck gebührt, denn zu deiner Bildung in Mutterleibe da alles schon im Keim in dich gelegt wurde dazu habe ich warlich nichts gethan – Villeicht ein Gran Hirn mehr oder weniger und du wärstes ein gantz ordinerer Mensch geworden und wo nichts drinnen ist da kan nichts raus kommen – da erziehe du das können alle Pilantopi-

ne in gantz Europia nicht geben – gute brauchbahre Menschen ja das laße ich gelten hir ist aber die Rede vom auserordendtlichen. Da hast du nun meine Liebe Frau Aja mit Fug und Recht Gott die Ehre gegeben wie das recht und billig ist, jetzt zu meinem Licht das auf dem Leuchter steht und denen Profeßern lieblich in die Augen scheint. Meine Gabe die mir Gott gegeben hat ist eine lebendige Darstellung aller Dinge die in mein Wißen einschlagen, großes und kleines, Wahrheit und Mährgen u.s.w. so wie ich in einen Circul komme wird alles heiter und froh weil ich erzähle. Also erzählte ich den Profeßsoren und Sie gingen und gehen vergnügt weg – das ist das gantze Kunstück. Doch noch eins gehört dazu – ich mache immer ein freundlich Gesicht, das vergnügt die Leute und kostest kein Geld: sagte der Seelige Merck. Auf den Blocksberg verlange ich sehr – dieser Ausdruck war nichts nutz – man könte glauben ich wartete mit Schmertzen auf den 1ten May – also auf die Beschreibung deines Blocksberg warte ich; so wars beßer gesagt. Alle Freunde sollen gegrüßt werden. Obst die Hüll und die Füll, mein kleines Gärtgen hat reichlich getragen – zum Eßen wars zu viel zum Verkaufen zu wenig – da habe ich denn brav in Bouteillien eingemacht – Ich und Liesse Eßen daß uns die Backen weh thun.

[…] Mit unserm Theater gehts auch gut – in der Meße hatte es gute Einnahme, das ewige Regenwetter halfe mit dazu, die Frembten wußten sonst keinen Ausweg – das ist doch wieder ein gantz manierlicher Brief – Vor heute aber genung […]. Meine Liebe Tochter – den Lieben Augst grüße hertzlich von

Eurer treuen Mutter u Großmutter Goethe.

An Goethe.

Dinstags d 27ten October 1807

Lieber Sohn!

[…] Seit dem 24ten dieses haben wir hir ein prächtiges Schauspiel. Die Kayerlichen Garden gehen hirdurch nach Maintz in ihr Vaterland – d 24ten kamen 1821 Jäger zu Fuß – vorgestern 1767 Grenadir zu Fuß – Gestern hielten sie Revue auf dem Roßmarck – heute kommen 2372 Füselirer Mittwoch 1091 Jäger zu Pferd – Donnerstag 657 Dragoner – und den 31ten 1051 Grenadir zu Pferde – Nein so was hat die Welt noch nie gesehn – alle wie aus einem Glas schranck kein schmützgen – kein Fleckgen – und die Prächdigte Musick – mir gehts wie dem Hund in der Fabel – abwehren kans ichs nicht – zerzaußen mag ich mich nicht laßen – gerade wie der Hund, ich – Eße mit. Das ist verdollmescht – Ich freue mich des Lebens weil noch das Lämpchen glüht – suche keine Dornen – hasche die kleinen Freuden – sind die Thüren niedrig so bücke ich mich – kan ich den Stein aus dem Wege thun so thue ich – ist er zu schwer, so gehe ich um ihn herum – und so finde ich alle Tage etwas das mich freut – und der Schluß stein – der glaube an Gott! der macht mein Hertz froh und mein Angesicht fröhlich – ich weiß daß es mir und den Meinen gut geht – und daß die Blätter nicht einmahl verwelcken, geschweige der Stamm. Heute ist uns starcke Einquartirung angekündigt worden, die oben genanden 2372 Mann – Sie sollen bey mir mit Schweinenbraten gelalirt werden u.s.w. Heute wie gesagt gehts bunt bey uns zu der Brief muß also fertig seyn ehe die Gäste kommen – ich muß mich auftacklen um am Fenster den Wirrwar zu besehen. Lebt wohl! Grüße deine Lieben von Eurer

treuen Mutter u großmutter Goethe.

LEBEN IN GOETHES ELTERNHAUS

Zu dem Züricher Pfarrer und Schriftsteller Johann Caspar Lavater (1741-1801) unterhielt die ganze Familie Goethe freundschaftliche Beziehungen. Für dessen ›Physiognomische Fragmente‹ wurden auch Porträts/Schattenrisse von Goethes Eltern angefertigt. Im Brief geht es um ein trauriges und auch für Goethe – den Frau Rat gerne ihren »Doctor« nennt – einschneidendes Ereignis: Den Tod der Freundin Susanna Catharina von Klettenberg (1723-1774), der »schönen Seele«.

An Johann Caspar Lavater
Frankfurt, d. 26 Xbr. 74.

Meine theüern Freünde!
Ihr wollt den ganzen Umfang von der Krankheit u. dem Tode unserer Fraülein Klettenberg wissen? Ein schmerzlicher Auftrag! Dies kann ich euch versichern. Mein Gemüth ist so ganz in Traurigkeit verlohren, daß ich mir nicht zu rathen noch zu helfen weiß. Ich weiß, ich werde sie wieder sehen; aber izt, izt fehlt sie mir! Meine Rathgeberin, in deren Schooß ich alles ausschütten konnte, ist in die Herrlichkeit eingegangen, wovon sie so oft mit Entzüken sprach. Ihr seyd noch hier, ich bin noch hier – aber es wird ein Tag kommen, dann wird sie auferstehn! Dann werden wir auferstehen, u. uns freüen mit unaussprechlich herrlicher Freude! Amen.

Am 7 Xbr. waren wir sehr vergnügt beisammen, ich habe sie lange nicht so munter gesehen, nicht der kleinste Gedanke von Krankheit fiel mir ein. Um 8 Uhr gingen wir von einander. In der Nacht bekam sie einen heftigen Frost, hernach Hize. Am 8ten erfuhr ich nichts davon, am 9 früh ließ sie mir sagen, sie wäre krank; wie ich zu ihr komme, fand ich sie ganz leidentlich, sie selbst glaubte, es werde nichts zu sagen haben; den 10. wurde sie schlimmer, aber in der Nacht wurde es dem Anschein nach wieder besser, ich verließ sie nicht. Als am 11. der Medicus in die Stube kam, lief ich voller Freüde ihm entgegen – »sie ist besser!« sagte ich. »Das gebe Gott, sagte Er, aber wir sind noch nicht über den Berg.« Am 12ten, sobald ich früh Morgens zu ihr kam, sagte Sie: »Gute Nacht, Räthin, ich sterbe!« Vor Weinen konnte ich kein Wort reden. Sie winkte, ich sollte näher kommen, drükte mir die Hand u. sagte: »wandle vor ihm und sey fromm!« – sahe mich mit unaussprechlich heiterm Gesichte an, u. war sehr ruhig u. vergnügt.
Nachmittag kamen einige christliche Freunde zu ihr. Wir fragten: »ob sie leiden könnte, wenn wir einige christliche Verse sängen?« »O ja« sagte sie. Wir sangen: Komm! ist die Stimme deiner Braut u. Sie verlangte das Lied: Die Seele Christi heilige mich. Ein Freund fragte sie: »Wie ihr beym Anblik des Todes zu Muthe sey?« »Ich bin so voll Seligkeit, daß die arme Hütte es nicht aushält, sie muß davon zerbrechen«, sagte sie. Ich sagte aus einem Lied: Hier ist nichts als die Todsgestalt u. den Stachel hat er verlohren! Hallelujah.
Des Abends, da die andern Freunde weg waren, u. ich allein bei ihr saß, sagte sie: »Der Doctor!« Ich bildete mir ein, sie meine den Medicus, u. sagte: »Er ist weggegangen.« »Nein, sagte sie u. deutete auf mich. »Meinen Doctor meinen Sie?« Sie nikte mit dem Kopfe. »Ach, sagte ich, der glaubt so wenig, daß

sie sterben, daß er mir aufgetragen hat, Ihnen zu sagen, wie er morgen mit dem Prinzen von Weimar nach Mainz reisen werde – dreymal hab ich schon angefangen, ihn auf Ihren Tod vorzubereiten, es ist aber alles vergebens. »Sie stirbt nicht! sagt er immer, das kann nicht seyn, Sie stirbt nicht.« Sie lachte. »Sag ihm Adieu, ich hab ihn sehr lieb gehabt.« »Ach meine Beste, sagte ich. Sie gehen izt in die Ewigkeit, auf die Sie sich schon so oft im Geist gefreüt haben – ich gönne Ihnen Ihre Ruhe u. Seligkeit von Herzen – aber ich bleibe noch zurük. Wenn die Seligvollendeten noch an Ihre zurükgebliebenen Freünde denken – o so denke an Deine treue Räthinn.« Sie gab mir ein Zeichen mit dem Kopf, daß sie es thun wolle. Ich blieb die Nacht bei ihr. Thee, den sie in ihren gesunden Tagen am liebsten trank, war auch in diesen lezten noch ihre beste Erfrischung; überhaupt war diese Nacht sehr erträglich. Sie hatte keinen grossen Schmerzen, u. wenn man die Freundlichkeit in ihrem Gesichte sah, konnte man nicht glauben, daß sie so krank, u. ihrem Ende so nahe sey. Mein lieber Sohn, Lavater! hat ihren freundlichen Blik gesehen, u. kann sich einen Begrif davon machen. Morgens, als am 13. kamen die Freundinnen wieder, wir sezten uns ums Bette herum, um bis auf die Lezte bei unserer lieben Freundinn auszuhalten. Sie sahe uns an, u. lächelte. »Habt euch unter einander lieb« – war ihr lezter liebevoller Befehl. Wie sie das Singen überaus liebte, sangen wir etliche Verse aus dem Lied: Christi Blut u. Gerechtigkeit etc.
Um sie nicht zu ermüden, redeten wir nicht viel, dann u. wann einen schiklichen Spruch, oder aus schönen Liedern einen schönen Vers. Um 8 Uhr kam der Medicus, D. Metz, ein rechtschaffener Mann, u. einer ihrer besten Freünde, der sein Vermögen darum gegeben hätte, sie beym Leben zu erhalten; ich sagte zu ihm: »Lieber Herr D. ist es dann gewiß, daß unsere

Freündinn stirbt? Haben Sie gar nichts mehr, Ihr zu helfen?« »Frau Räthinn, sagte er mit seiner gewohnten Ernsthaftigkeit: da Elias sollte gen Himmel fahren, kamen die Propheten Kinder zu Elisa u. sprachen: Weissest du auch, daß der Herr wird deinen Herrn heute von deinen Häuptern nehmen. Er aber sprach: Ich weiß es wohl, schweiget nur stille.« – Hierauf ging er ans Bett, u. nahm einen solchen christlichen Abschied, der uns allen durch die Seele ging; doch versprach er Nachmittag wieder zu kommen, nicht als Arzt, weil seine Kunst am Ende war, sondern als Freund. Um 11 Uhr kam der Chirurgus, u. wollte nach der Ader sehen, die Fräulein hielte das für unnöthig, bath ihn aber, ihr zu sagen, ob ihre Augen nicht gebrochen wären? Der gute Mann, dem das in seinem Leben villeicht nicht vorgekommen, wußte nicht, was er sagen sollte. Nach einigem Besinnen sagte er: »Die Augen sind noch helle, aber der Puls geht schwach.« Die Frl. schüttelte den Kopf, und lachte. Um ½ 12 Uhr sagte sie, »nun ists besser, ich habe keinen Schmerzen mehr –« rükte sich im Bette zurecht, u. sagte mit halbgebrochener Stimme: »Gute Nacht!« Darauf lag sie stille, redte nichts mehr, der Othem wurde kürzer, blieb manchmal aus, kam wieder, um 12 Uhr nahm endlich der erlöste Geist von seinem Körper Abschied.

Meine Seele sterbe des Todes dieser Gerechten!! – Einige Minuten blieben wir ganz stille. Eine Freundinn, die vom Schmerz weniger betäubt war, als die andern, that ein herrliches Gebeth, dankte Gott für alle, der seligen Frl. von Klettenberg erwiesne Wohlthaten an Seele u. Leib, munterte uns auf immer mehr dem Ziele nachzujagen, immer mehr auf Jesum, den Anfänger und Vollender des Glaubens zu sehen, u. Fleiß anzuwenden, daß unser Keiner dahinten bleibe. Noch muß ich sagen, daß das 17 Kap. Johannis, u. die Sprüche: Wer an mich glaubt, der

wird den Tod nicht sehen ewiglich! – Ich bin die Auferstehung u. das Leben – u. dgl. ihr ganz besonders lieb waren …
Den 16. wurde sie zur Erde bestattet.

Ich seh im Geiste Gottes Sohn
Holdselig ihr entgegen eilen,
um seinen höchst glorreichen Thron
mit ihr als seiner Braut zu theilen.
Willkomm, Willkomm, Willkomm – erklingt,
das durch den ganzen Himmel dringt.
Von den verklärten Geistersphären
da wird sie ihren Namen hören –
und was sie hier im Herrn gekannt,
beut ihr frolokend Mund und Hand.

Hier habt ihr, liebe Freunde, die ganze traurige Geschichte. Gönnt mir einen Plaz in Eurem freundschaftlichen Herzen, u. seyd versichert, daß ich bis ins Grab u. noch drüber hinaus seyn werde,

Eure treüe Freündinn E.Goethe

Der Arzt Johann Georg Zimmermann (1728-1795) war ein Freund Goethes und Lavaters. Im September 1775 war er in Goethes Elternhaus zu Gast. Offenbar hatte Zimmermann Anfang 1776 im Auftrag der Frau Rat Cornelia in Emmendingen aufgesucht und behandelt, die unter Depressionen litt. Später war er in Bad Ems auch der Arzt von Charlotte von Stein (1742-1827). Er zeigte Goethe ihre Silhouette. Ihren Sohn nennt Frau Aja gern »Herr Doctor« oder »Doctor Faust«.

An Johann Georg Zimmermann

Franckfurth d 16ten Febr. 1776

Lieber Herr Leibmedicus!

Ihr lieber Brief machte mir von der einen seite viel Freude: Aber, aber, das was ich an Ihnen in Spaß schrieb, ist also nicht gantz ohne grundt, Sie sind nicht gesundt, glauben Sie mir, ich bin von Hertzen drüber erschrocken. Gott im Himmel! Wie kommt ein so Vortrefflicher, geschickter, Freundlicher, herrlicher, Lieber Mann zu der Verdamten Kranckheit? Warum just an die brauchbarsten Menschen, ich kenne eine menge Schurcken, die solten Kranck seyn, die sind ja doch der Welt nichts nütze, und mann hat von ihrem Wachen oder Schlaffen nicht den geringsten nutzen. Lieber bester Freund! Wollen Sie von einer Frau einen Rath annehmen, die zwar von der gantzen Medicin nicht das mindeste versteht, die aber doch Gelegenheit gehabt hat, mit vielen Menschen in genauer Verbindung zu stehn, welche von diesem Übel geplagt wurden. Die Veränderung der gegenstände War immer die beste Cur, da braucht mann nun nicht eben 30 Meilen zu reißen, wenn man nur aus seinen vier Mauren komt, nur nicht zu Hauß geblieben, so sauer es gemeinilich denen Krancken ankomt, in die freye Luft, aufs Landt, unter Menschen gegangen die man leiden kan, und alle schwartze Gedancken dem Teufel vor die Füsse geschmissen, dieses Mittel hat Docter Luther schon *probatum* gefunden, und in seinen herrlichen trost Briefen dem Spaladinus seinem Vertrauten Freund angerathen. Folgen Sie also bester Mann dem Rath einer Frau, das thut Ihrer großen Gelehrsamkeit keinen schaden, gab doch ehmals ein Esel einem Propheten einen guten Rath. Gott lob daß die Schlossern sich besser befindet: Wer war aber ihr Helfer? Wem hat sies zu dancken? nechst

Gott gewiß niemandt als unserm theuren *Zimmermann*. Das Zeugnüß von Wielandt Liebe gegen meinen Sohn, das Sie die Freundschafft hatten, mir mitzutheilen freute mich hertzlich; das ist nun einmahl das glückliche Looß von Docter Wolf, daß ihn alle Leute lieben denen er nahe kommt, das ist nun freylich gantz natürlich, er hat ein gutes Hertz, liebt seine mitmenschen, sucht wo er hinkommt Freude zu verbreiten, mann sieht in der Nähe nur den Menschen Freund, und vergießt gerne den Satiren schreiber. Daß Ihre Liebenswürdige Jungfer Tochter noch an uns denckt, und sich wohl und vergnügt befindet, war auch eine Nachricht nach meinem Hertzen: erlauben Sie, daß ich mir die Freude mache und die Zahl meiner Kinder durch dieselbe vermehre, dieses süße liebe Mägdgen kommt in gute Gesellschafft, auser denen Zwey die unter meinem Hertzen gelegen, habe ich das Glück noch viele Söhne und Töchter zu haben, als da sind, die zwey Graffen Christian und Friedrich von Stollberg, Lavater, Wieland, von Knebel, von Kalb, Demoiselle Fahlmer, Delph, von Wreden u.s.w. und da meine liebe Tochter Zimmermann den Seel und Leib erfreuenden *Mutter* Nahmen leyder schon lange nicht mehr nent, so hoffe ich Sie nimbt meinen Vorschlag an, um nur den Nahmen nicht gantz zu verlernen. Mein Lieber Mann Empfiehlt sich Ihnen und meiner Lieben Tochter aufs beste. Behalten Sie uns in gutem Andencken und seyn versichert daß wir sind, biß ins Grab, ja noch drüber hinaus Ihre wahre und Aufrichtige Freunde

C.E. Goethe.

N.S. […] Noch eins, es ist wieder aus dem Gehirn des Docter Fausts etwas in der Welt erschienen, ist gedruckt zu haben, und heist Stella.

Johann Ludwig Ernst Morgenstern:
Cornelia Goethe, 1772

Georg Friedrich Schmoll:
Catharina Elisabeth und Johann Caspar Goethe, 1774

Johann Bernhard Crespel (1747-1813) war ein Jugendfreund Goethes und Sohn des Juweliers Louis Crespel in der Eschenheimer Gasse. Später in thurn-und-taxischen Diensten. Der Brief zeigt die Lust der Frau Rat am geselligen Spiel. Erwähnt wird auch die Beziehung von Maximiliane (geb. La Roche, 1756-1793) und Peter Anton Brentano (1735-1797) und das Haus Zum Goldenen Kopf, in dem auch Clemens und Bettine Brentano geboren wurden.

An Johann Bernhard Crespel

Franckfurth, den 5. Jenner 1777.

Lieber Sohn!

Einen mächtigen großen Lobstrich soll ich Euch im Nahmen des Papas schreiben, wegen der geschwinden Bestellung des Briefs an Herrn Herrich. [...] Ich weiß Ihr nehmt die viele Mühe so Euch das Ding macht nicht übel, Ihr solt auch davor am runden Tisch sitzen, und über Euer Haupt soll ein gantzes Füllhorn vom guten ausgeschüttet werden. Gestern wäre es vor Euch ein Hauptspaß gewesen, Jammerschade daß Ihr in Regenspurg sitzt! 8 junge Mädels waren bey mir, zwey Demoisellen Clermondt, die Mingen Starck u.s.w. wir spielten, stirbt der Fuchs so giebt sein Balg und da gabs Euch Pfänder daß es eine Lust war. Auch wurden Mährgen erzählt, Rätzel aufgegeben, es war mit einem Wort ein groß Gaudium. Eure Grüße an die Max, Tante, Gerocks habe wohl ausgerichtet, Sie haben Euch alle sampt und sonders lieb und werth, und wünscheten daß Ihr wieder da wäret. Nur vor einen gewissen Peter ist Eure Abwesenheit ein groß Labsal, es ist überhaupt ein wunderlicher Heiliger. Bis die arme Max ins neue Hauß kommt, wirds vermuthlich noch manchen Tantz absetzen. Neues giebts hier auf der Gottes Welt gar nichts, als daß ein großer Schnee gefallen, und die Leute wacker im Schlitten fahren. Lebt wohl mein Lieber! Behaltet uns in gutem Angedencken, und seydt versichert, daß wir alle, besonders aber ich bin und seyn werde Eure wahre Freundin und treue Mutter

C.E. Goethe

Mit der »Schlossern« ist die Tochter Cornelia (1750-1777) gemeint, deren Tochter Catharina Elisabeth Julie Anfang Juni geboren wurde.

An Johann Bernhard Crespel
Franckfurth, den 16. April 1777

Lieber Sohn!
Beschuldigt mich keiner Faulheit weil ich Euren letzten Brief jetzt erst beantworte, die Meße und was dran hängt ist einzig schuld. Hier ein Fremder der einem über dem Hals sitzt, da einer den mann Ehrenhalber zu Gaste haben muß u.s.w. Jammer schade mein Bester! daß Ihr nicht hier seydt. Affen und Katzen, Narren und Fratzen sind in menge zu sehen. Das kan ich ohne Geld überall haben, werdet Ihr sagen, ja, aber die Narren die auf die Meße kommen, sind eben so gantz aparte Narren. Da tantzt z. E. eine Frau auf einem Bret gegen die, die Jungfer B. ein Wickelkindt ist. Nur ein Wort von Peter – kein Mensch kann begreifen warum er nicht ins neue Hauß zieht, Bauen thut er auch nicht, da doch jetzt die schönste Zeit dazu wird, die Max darf nichts davon Reden, sonst ergrimmt er im Geist, es ist ihr himmelangst, daß das bißgen Verstandt so noch in seinem Hirn wohnt, nicht auf einmahl mit Extra Post in Mondt reißte. Tante |: welche Euch vielmahl grüßen laßt: | und ich haben jetzt ein groß gaudium am Schachspiel, lachen was rechts über den

Matz-Bumbs von König, den jeder laffe Schach machen kann, verstehen nun auch die Rede des Olearius im Götzt von Berlichingen vollkommen, wenn er sagt! das Spiel spielt ich nicht wenn ich ein großer Herr wäre u.s.w. Der Bruder in Weimar ist Gott sey danck Gesundt, baut pflantz, gräbt in seinem Garten, daß es Art und schick hat. Die Schlossern liegt noch nicht in Wochen, auf Pfingsten können wir gute neue Mähr hören. Lieber Crespel! bald, bald, hoffe ich Euch nun wieder zu sehen, da wollen wir guter Dinge seyn, alte Historien auf neue art erzehlen, in unserm Cirkus vergnügt Leben und Sonne und Mondt sampt allen Planeten ihre Wirthschafft ruhig treiben lassen. […]

Lebt wohl! kommt bald zu uns zurück seyd versichert daß niemandt mehr Antheil an Euern Wohlergehen nimbt als Eure treue Mutter und wahre Freundin

C.E. Goethe

Am 8. Juni 1777 starb die Tochter Cornelia an den Folgen des Wochenbettes in Emmendingen. Für die Goethes – auch den Bruder in Weimar – ein trauriges und einschneidendes Ereignis. Der Brief von Catharina Elisabeth an Lavater zeigt aber auch ihre dem Leben zugewandte Religiosität, die ihr bei vielen Schicksalsschlägen half.

An Johann Caspar Lavater
Franckfurth den 23ten Juni 1777.

Er gibt den müden Kraft und Stärcke genung den ohnvermögenden – was Er zusagt hält Er gewiß. Ein neuer, lebendiger, dastehnender Zeuge sind wir, die wir unsre Cornelia unsere eintzige Tochter nun im Grabe wissen – – und zwar gantz ohnvermuthet, Blitz und Schlag war eins. O lieber Lavater! die arme Mutter hatte viel viel zu tragen, mein Mann war den gantzen Winter kranck, das harte zuschlagen einer Stubenthüre erschröckte ihn, und dem Mann muste ich der Todes Bote seyn von seiner Tochter die er über alles liebte – mein Hertz war wie zermahlt, aber der Gedancke, ist auch ein Unglück in der Stadt, das der Herr nicht thut hielte mich daß ich dem Schmertz nicht erlag. Ohne den Felsenfesten Glauben an Gott – an den Gott, der die Haare zehlet dem kein Sperling fehlet – der nicht schläfft noch schlummert, der nicht verreißt ist – der den Gedancken meines Hertzens kent ehe er noch da ist – der mich hört ohne daß ich nöthig habe mich mit messern u Pfriemen blutig zu ritzen, der mit einem Wort die Liebe ist – ohne Glauben an den wäre so etwas ohnmöglich auszuhalten – – freylich fühlt sich der Mensch Paulus sagt: alle Anfechtung wenn sie da ist, düncket uns nicht Freude zu seyn – aber ein anders ist fühlen, ein anders ist mit Gottes führung unzufrieden seyn – und sich denen gleich stellen die keine Hoffnung haben – – aber wir! die wir wissen daß über den Gräbern unsterblichkeit wohnet, und daß unser spannenlanges Leben auch gar bald am Ziel seyn kan – uns ziemt die Handt zu küssen die uns schlägt, und zu sagen |: zwar mit 1000 thränen: | der Herr hats gegeben, der Herr hats genommen, sein Nahme sey gelobet. Lieber Sohn! Euer Brief hat mir sehr wohl gethann, Ihr seyd böße auf Euch daß Ihr nicht trösten könt – wenn ich Euch aber sage daß er mir Labsahl war, daß ich Euer gantzes warmes, gefühlvolles, Freundschafftliches Hertz offen vor mir hatte, da wenn ich nur eine Zeile von Euch sehe mir alle die seeligen Augenblicke einfallen, da wir zusammen an einem Tisch assen, da Ihr unter meinem Dach ward, da Ihr Abends um 9 Uhr in meine Stube kamt, da ich Euch kaum eine Minute sahe, und doch gleich wuste, auf welche Staffel von der großen Leiter worauf meine Söhne stehen ich Euch stellen solte, daß ich mich nicht geirret – wie ich bey Eurer Abreiße einen gantzen Tag geweint habe – – alles das komt mir ins Gedächnüß wann ich nur Eure Handt auf einer Adresse sehe. Verzeiht mir lieber Sohn, daß ich Euch so ein geschreibe daher schreibe – – wißt es ist jetzt eins meiner liebsten Beschäftiungen an die Freunde so meinen Hertzen nahe sind die Schmertz u Vergnügen mit mir theilen Briefe zu schreiben, ich lebe in dieser großen Stadt wie in einer Wüste, Von meinem Geschlecht habe ich nur eine Fahlmern die mich versteht |: und die ist jetzt zum Unglück in Düsseldorf: | Nun mein Bester! Lebt wohl! grüßt Eure liebe Frau, Pfenniger |: ach der singt auch nicht mehr mit dem Engel: | Frau Schultz, Lentz und alle gute Seelen – – noch eins, ich habe zwey herrliche Briefe von meinem lieben Sohn Schlosser bekommen Er duldet wie ein Christ u Mann und – – glaubt an Gott, nun der Allmächtige seegne Euch und die Euch angehören, behaltet mir Eure Liebe, die meinige soll wahren, biß an Grab ja drüber hinaus, solches sagt und wills halten Eure treue

Mutter Aja

Goethes Diener Philipp Seidel (1755-1820) war bereits bei Goethes Eltern in Frankfurt tätig gewesen und Frau Aja hatte ihn für ihren Sohn mit nach Weimar geschickt. Seidel erhielt über Jahre hinweg die Verbindung zwischen Weimar und Frau Rat in Frankfurt aufrecht.

An Philipp Seidel

Franckfurth, 10. October 1777.

Euer Brief vom 5 October hat uns sehr gefreut, insbesondre daß der Dokter gesundt und guten Houmors ist – Wann Ihr so was schreibt sollen euch vor jetzt und künfftig alle Vagabundereyen verziehen seyn, zumahl der Herr Merck viel guts von euch erzählt hat, und wie hübsch ihr alle sachen von eurem Herrn besorgt und in obacht nehmetet – als ein braver Pursch dörft ihr auch Freude haben, und ich wünsche euch recht viele. Die Reiße von eurem Herrn mag gehen wo hin sie will; so werdet ihr uns doch als im Vertrauen sagen wo Er ist, denn mann kann nicht wissen was als vorfält, daß doch ein Brief zu euch gelangen kan. Von Herrn Wielandt habe gar ein liebes Briefgen erhalten, wo Er mir sagt, daß Er das Christkindgen bey uns holen will, wir freuen uns sehr auf seine Ankunfft. Sagt dem Docter, daß Herr Merck ehestens wegen einer bewusten Angelegenheit schreiben würde, und wie alles gemacht und gehalten werden solle. Der Herr Rath ist immer noch nicht recht wohl, wir brauchen Medicin, laufen spaziren u.s.w. Die Jahre kommen freylich heran, von denen es heißt, sie gefallen mir nicht. Was aber mich anbelangt so bin ich Gott sey Danck frisch und gesundt auch gutes Humors zumahl wenn ich als gute neue Mähr von euch geschrieben bekomme, macht mir also öffters so einen spaß, davor solt ihr auch gelobt und gepriesen werden von allen besonders aber von eurer euch steht gewogenen

C.E. Goethe

Der Brief zeigt, dass auch nach Goethes Weggang nach Weimar immer wieder alte Dichterfreunde im Haus im Großen Hirschgraben

abstiegen. Hier sind es Johann Heinrich Merck (1741-1791), Heinrich Leopold Wagner (1747-1779) und Christoph Martin Wieland (1733-1813), der den Begriff »Casa santa« für Goethes Elternhaus einführt und Frau Aja als »allerliebste Mutter« anspricht.

An Caroline Großmann

Franckfurth d 19ten Decembr 1777

Liebe Freundin!

Das Vertrauen so Sie zu mir haben freut mich ungemein, ich würde es Ihnen in einer langen Epistel noch deutlicher Vorlegen, wann nicht mein Hauß von oben biß unten mit schönen Geistern vollgepfropft wäre. Wielandt ist schon einige Tage da, auch Freund Merck. Herr Docter Wagner wirds Ihnen sagen, daß von Morgens biß in die liebe Nacht alles drunter und drüber geht, denn liebe Frau Gevatterin da Sie selbst einen Poeten zum Mann haben, und also aus Erfahrung wissen daß die Gattung Menschen in einem Tag mehr unfug anrichtet, als wir andern arme Erden-würmer in einem Jahr; so können Sie Sich leicht meine dermahlige Häußliche Unordnung und Verwirrung vorstellen. Dieses schreibe ich Ihnen früh Morgens um 6 uhr da alles noch in tieffen Schlaf begraben liegt. Sonst stehe ich freylich auch bey so dunckeler Jahrzeit so frühe nicht auf, aber Ihre Niderkunfft jagte mich aus den Federn. Tausendt Element dachte ich wenn die liebe Frau ins Kindbett käme und wüßte unsre nahmen nicht und sie Taufften das arme Kind in der Angst Ursula, Angnes, oder wohl gar Tristmegistus, Diesem allen Vorzukommen berichte dann, daß ich Catharina Elisabetha, mein Sohn aber Johann Wolfgang heisset. Nun liebe Frau Gevatterin! Gott seegne Ihre Niderkunfft ich werde mich auf alle gute Nachrichten von Ihnen freuen. Leben Sie wohl!

grüßen den Herrn Gevatter, und küssen mein Goldiges Lottgen Tausendtmahl von mir und dem großpapa, Behalten Sie uns in gutem Angedencken, biß wir uns wieder von Angesicht sehen und seyn Versichert daß ich bin

Ihre aufrichtige Freundin C.E. Goethe

Im Juni und Juli 1778 machte Anna Amalia (1739-1807), die Mutter von Goethes Herzog Carl August (1757-1828), auf ihren Reisen nach Düsseldorf und Bad Ems mit ihrer Gesellschafterin Louise von Göchhausen (1747-1807; »Freulein Thusnelde«) in Frankfurt am Main Station und knüpfte damals engere Beziehungen zur Frau Rat. Das Verhältnis der beiden war – allen Standesunterschieden zum Trotz – sehr herzlich. In diesem Brief an Anna Amalia spricht Goethes Mutter über die Einrichtung des gelben Salons im Goethe-Haus und wie er zur »Weimarer Stube« wurde.

An die Herzogin Anna Amalia

Franckfurth d 17ten Augst 1778.

Theureste Fürstin!

Tausend und aber Tausend Danck vor alle uns erzeigte Gnade, und Liebe. O! wie seelig waren wir in dem Umgang einer Fürstin, Die die Menschen liebt, Ihres hohen standes Sich so entäusserte, Sich herab läßt und wird wie unser einer, und da solte sich nicht alles alles freuen eine solche vortreffliche Dame wiederzusehn? wäre es möglich daß es solche Unholden in der Natur gäbe; so müsten sie mir Stafache des Bergs Caukasus seyn, und das biß an den jüngsten Tag. [...]. Es hat mich biß zu Thränen gerührt daß meine gnädige Fürstin so gar

auf der Reiße an Mutter Aja denckt und ihr Freude zu machen sucht. So bald der Höllen-Bregel ankommt wird er in die kleine Stube meinem Wohnzimmer gegenüber aufgestelt, sonst hieß sie *gelbe*, jetzt heißt sie die *Weimarer Stube*, und alles was ich von Weimar schon besitze, und wils Gott noch besitzen werde |:Denn Herr Kraußе hat mir auch etwas versprochen:| soll als ein *Heiligthum* drinnen aufbewahrt werden und wenn mir meine Einsamkeit und die schlechten Menschen um mich herum zur Last fallen, daß mirs in dem Luft Creiß zu schwer wird zum Odem zu kommen; so will ich in diese liebe Stube gehn, mich zuerst erinnern daß die Beste aller Fürstinnin auch hir auf und abgegangen ist, hernach alle meine sachen eins nach dem andern andächtig beschauen. Flugs wird mich meine Einbildungskrafft nach Weimar versetzen und aller Druck – üble Laune – lange weile – und wie die bößen Geister alle heißen, werden über Hals und Kopf den reißaus nehmen. Der Vater hat eine solche Freude daß Ihro Durchlaucht sich seiner so gnädig erinnert haben und rechnet es unter den glücklichsten Zeitpunckt seines Lebens, daß er eine solche vortreffliche Fürstin die gnade gehabt hat kennen zu lernen: Er wird es ewig nicht vergeßen, und läßt sich Ihro Durchlaucht zu fernern Hulde und gnade unterthänigs empfehlen.
[...] Ich weiß Ihro Durchlaucht halten mir dieses lange geschreibe zu gnaden, den so lang ich von *Ihnen* rede oder dencke so könte ich 10 Jahre in einem fort machen und schreiben. Vor diesesmahl aber will ich doch nur noch das thun – den Vater, mich und den Docter Wolf zu fernerern gnaden Unterthänigst zu empfehlen. Ich verharre Ew. Durchlaucht

Unterthänige und gehorsamste Dienerin, Frau Aja

Der folgende Brief belegt, dass Frau Rat die Weimarer Dichter und Denker auch in lebenspraktischen Dingen beriet – vor allem wenn es um das leibliche Wohl ging.

An Philipp Seidel

den 7ten September 1778

Euer Herr schreibt mir daß Herr Wieland gern einen Bratenwender oder wie wir es hir nennen einen Brätter haben mögte, ich soll ihn kauffen u.s.w. Das will ich nun auch gar gerne thun nur muß erinnern daß so ein ding 25 biß 30 gulden komt, ferner daß vors zerspringen der Feder kein Mensch was kan an dem meinigen ist die Feder so oft gesprungen daß ich die Feder gantz und gar heraus gethan habe und ihn jetzt durch gewicht steine treiben laße – ob diese Medote in Weimar bekandt ist weiß ich nun nicht mann müßte einen Uhrmacher fragen – Auf alle fälle will einen guten tüchtigen aussuchen – aber ihn nicht ehender kauffen als biß ich von euch Nachricht habe, das muß aber bald geschehen, dann sonst verkauffen die Frembden ihre wahre. Wegen des Metzger Knecht dint zu Nachricht, daß unsere hiesige Metzger keinen einzigen die rechte kunst Schwartemägen zu verfertigen lehren – das hat mir mein eigner Metzger gantz aufrichtig gesagt – und es ist auch gantz nathtürlich denn aus der halben Welt kommen Knechte hieher und wens die nun gelernt hätten, so könten die Schwartemagen überall verfertigt werden, welches nun doch nicht ist. Also das Ende vom Lied ist, daß Franckfurth die Ehre allein behalten will rechte Schwatemägen zu machen. Ihro Durchlaucht können sie aber alle Woche mit dem Postwagen bekommen, und von der besten Fabrick das verspreche ich. Mein Bruder der Docter Textor hat den einfall gehabt euren Herrn um Verse auf Docter Schlossers Hochzeit zu bitten. Da ich nun nicht glaube daß euer Herr dazu Zeit und laune hat, so tragt entweder einem andern dortigen Poeten auf, oder macht ihr euch dran – wenn aber das alles nicht anginge, so meldet es bey Zeit, damit die hiesige Poeten ihren Pegasus besteigen können. Lebt wohl! grüßt alles, ich bin

Eure euch gewogne C.E. Goethe

In diesem Brief berichtet Frau Rat von der Weinlese, bei der auch Goethe als Kind und als junger Mann gern teilnahm. Die vielen Einladungen nach Weimar, die Frau Rat von der Fürstin, aber auch von ihrem Sohn erhielt, nahm sie nie an.

An die Herzogin Anna Amalia
Franckfurth d 16ten October 1778

Theureste Fürstin!
Tausendt Danck vor das gnädige Anden[ken] an Mutter Aja Die überschickten Lieder werden von mir gesungen und gespielt daß es eine art und schick hat, doch über das von Ihro Durchlaucht Componierte Sieh mich Heiliger – geht nun eben gar nichts, das bleibt nun Tag täglich auf dem Clavier Pult und wird allemahl zu erst und zuletzt gesungen. Vor 14 Tage ist Schlosser mit seinem Weib von hir weg, ich begleidete Sie biß nach Darmstadt und hatte bey der Gelegenheit auch wieder einmahl einige frohe Tage mit Mercken, daß das Andencken an Unsere Beste Fürstin den Haubtinhalt unseres Gesprächs und unserer Freude ausmachten, das versteht sich von selbst. [...] Gestern war Weinlese hir, es war noch zimmlich Wetter und alles war frölich, mir aber fiel der Herbst von 1772 ein da der

Docter und Hoffrath Schlosser mit wachs lichtern auf den Hüten wie geister im neuen weg herum gingen, da waren noch viel andre und bessre Zeiten vor Frau Aja. doch wirds vielleicht einmahl wieder Lustiger und munterer um und neben mir: wollen das Beste hoffen. Merck besteht drauf daß ichs Frühjahr mit Ihm nach Weimar müßte – vor der Hand kan ich die möglichkeit noch nicht so recht einsehen, wollens also einstweilen bey dem goldnen spruch: Sorget nicht vor den andern Morgen, beruhen lassen. Das Jahrmarcks-Fest von Plundersweiler möchte wohl mit anschauen, und die austheilung der Rollen wissen – die gnädige Freulein Thusnelde ist wohl so gnädig mir eine getreue Relation davon abzustatten, ich werde *Dieselbe* in einem eigenen Schreiben auf das höfflichste drum ersuchen. [...] Der Vater danckt mit gerührtem Hertzen vor das gnädige Andencken und freut sich hertzinniglich daß unsere beste Fürstin seiner noch immer in gnaden denckt. Dieses ist nun auch was Frau Aja vor ihre Person Unterthänigst bittet und begehret und in der vesten Zuversicht, daß dieses mein gesuche in gnaden erhört werden wird, unterzeichne ich mich als

Ihro Durchlaucht, Unterthänigste und
treugehorsamste Dienerin C.E. Goethe

Anna Amalia sandte immer wieder Geschenke nach Frankfurt. Hier berichtet Frau Rat über die Ankunft eines besonderen Bildes, des Porträts ihres Sohnes mit Silhouette. Die Herzogin hatte eine Kopie des Gemäldes von Georg Melchior Kraus (1733-1806) durch Ehrenfried Schumann (1732-1787) anfertigen lassen und nach Frankfurt am Main geschickt. Das Porträt hängt heute wieder in der »Weimarer Stube« des Frankfurter Goethe-Hauses.

Johann Ehrenfried Schumann (nach Kraus):
Johann Wolfgang Goethe, 1778

An die Herzogin Anna Amalia

Franckfurth d. 30ten November 1778

Ihro Durchlaucht Legens recht drauf an Goetheens Vater und Mutter in ihrer Einsamkeit zu erfreuen. Kaum haben wir uns über den Jahrmarckt und alles was dabey war herrlich ergötzt; so bringt der Postwagen wieder etwas in schönem grünem Wachstuch wohl verwahrt mit – wie der Blitz ist Frau Aja dahinter her macht in einer geschwindigkeit die Cordel ab und will nun sehen was es ist – da waren aber so viele Nägel herauszuziehen daß Frau Aja eben alle ihre gedult zusammen nehmen und warten mußte biß die Zange und der Hammer das ihrige gethann und der Deckel vom Kästgen in die Höhe ging: nun lag noch ein papier drauf, rischs war das auch weg, und Frau Aja that einen großen schrei als sie ihren Häschelhanß erblickte. Wir finden viele gleichheit drinnen, und haben eine große Herrlichkeit damit wie das Ihro Durchlaucht Sich leicht vorstellen können, da wir ihn selbst in 3 Jahren nicht gesehen haben, zumahl da er im Frack gemahlt ist worin ich ihn immer am liebsten so um mich herum hatte, und es auch seine gewöhnliche tracht war. Jetzt wird eine Rahm drum gemacht und es wird in die Weimarrer Stube aufgestelt, so wie auch die 3 Zeichnungen aus dem Jahrmarckt. Nun Theureste Fürstin! nehmen Sie den innigsten wärmsten und hertzlichsten Danck von Vater und Mutter davor an, und erhalten uns und Docter Wolfen Dero Unschatzbahre gnade, wir glauben auch vestiglich daß Ihro Durchlaucht unsere Bitte erhören, und immer vor uns |:und Gott gebe:| und unsere Nachkommen die Huldreichste und gnädigste Fürstin seyn und bleiben werden. Vor den Musicalischen Jahrmarck dancke auch unterthänigst, und werde so bald ich alles durchgespielt habe Ihro Durchlaucht schreiben wie mir dabey zu muthe war, von aussen sieht mann schon daß es von einer Fürstin kommt, der prächtige Band, die vortreflich geschrieben Noten u.s.w. So großen lusten ich hatte alles stehn und liegen zu lassen um zu Singen und zu spielen; so glaubte ich doch daß es schöner wäre unsere Besten Fürstin gleich zu dancken und keinen Posttag vorbey gehen zu laßen. Daß Ihro Durchlaucht spinnen freut mich sehr, Frau Aja hats auch einmahl starck getrieben, und kans noch so zimmlich. An der Spinnerey vom Docter habe so meine Freude daß ich ihm ehestens 25 Pfund schönen feinen Flachs zum geschenck überschicken will. Wann es nicht beynahe 5 uhr wäre so schriebe ich so wahr ich lebe einen andern Brief, ich begreife gar nicht wie ich so entsetzlich gehudelt habe, die Federn tauchten nichts, das papier floße. Ihro Durchlaucht verzeihen nur, auf einandermahl sols schöner werden. Beste Fürstin! nehmen Sie nochmals unsern hertzlichen Danck vor *alles alles* an und glauben daß ich bin biß ans grab ja noch drüber hinaus

Ihro Durchlaucht, unterthänige und
treugehorsambste Dienerin C.E. Goethe

Wieland versorgte Frau Aja mit seiner Zeitschrift ›Der Teutsche Merkur‹, die zu ihren Lieblingslektüren gehörte. Der Dichter schätzte auch Frau Ajas literarisches Urteil und schickte ihr eigene Werke und Rezensionen.

An Wieland

Den 12ten Mertz 1779

Lieber Sohn und Gevatter! Die Sünde der Undanckbahrkeit liegt schwer auf mir – Sechs Briefger liegen mir vor Augen, eben so viel Mercure und Frau Aja hat eben ihrem lieben Wieland lange lange nichts gesagt ohngeachtet Er ihr so manche Freude mit Seinem Mercur gemacht hat, zu meiner Entschuldigung kan ich weiter nichts sagen als daß unserm Lieben Herr Gott Sein prächtig Wetter die größte Ursach meiner Faulheit im schreiben ist, Tag täglich Marschire ich durch Feld und Wald und Fluhr u.s.w. Gestern Abend als ich von einem herrlichen Spazirgang nach Hauße kam lasse ich Pervonte oder die Wünsche, hatte darob eine solche Freude, fühlte so gantz was Ihr vor ein herrlicher Mensch, vor ein lieber Wieland Seyd, und daß keiner vor Euch und schwerlich einer nach Euch seyn wird der in solcher Art von Gedichten und Erzählungen den grad erreichen wird den Ihr von Gottes gnaden, und der Mutter Natur empfangen habt. Da mir nun bey den leßen so wohl ward daß ichs Euch gar nicht beschreiben kan, ergrimmte mein Geist Daß ein Mann wie Ihr sich nothgedrungen sieht einem solchen Schuft von Buchhändler nur eine Zeile zu antworten. Bunckel wird immer und in Ewigkeit ein abscheuliches Buch; so wie Eure Recention ein Meisterstück bleiben und hirmit Gott befohlen. Laßen wir den fatalen Menschen fahren, und suchen auf andre Gedancken zu kommen. Ihr wißt doch lieber Sohn was mir unsere Liebe Frau Herzogin vor eine Freude gemacht hat? O wenn Ihr Frau Aja gesehen hättet! das war ein Geburths Tag! Ich habe zwar gleich auf der stelle meine Freude und Danckbahrkeit in einem Brief an Ihro Durchlaucht darzulegen gesucht, allein es sind nachher zu großem Vergnügen der Frau Aja noch solche Dinge mit der herrlichen Dose pasirt, daß ich ein Tagbuch drüber schreiben könte. Bölling kommt alle Tage um seine Andacht vor dem Liebevollen Anglitz unserer Theuren Fürstin zu halten – manchmahl reißt Ihn sein entzücken so hin daß Er sich gantz vergißt – So soll mich der Teufel holen |:ruft Er dann aus:| wenn ich begreife wie mann so einen Schattenriß machen kan – liebe Frau Aja fragen sie doch die weimarer wer das gemacht und ausgeschnitten hat, je mehr mans ansieht je unbegreiflicher kommts einem vor – es ist unsere Beste Fürstin mit Geist Seele und Leib – ich werde noch ein Narr drüber, und so ist Er im stände eine glocken-stunde immer in einem fortzureden. Freund Merck den ich seit dem vorigen November weder gesehen noch das geringste von Ihm gehört habe ist vermuthlich in seine Cartofflen, seinen Fuchs und dessen Füllen so verschammerirt daß Er alles drüber vergißt – Sanct Velden wird Ihn doch diese Meße herführen – O! was wird der erst zu meiner Dose sagen! Empfehlet mich ja unsere[r] Theuren Herzogin zu fernerer Gnade – die liebe Freulein Thusnelde versichert meiner aufrichtigen Freundschaft und Hochachtung – Freulein von Stein – Herrn von Einsidel – Herrn Kraußе alles alles grüßt von Frau Aja den Papa mit eingeschlossen. Euer Weib das ein rechter Fruchtbahrer Weinstock ist, und Eure Öhlzweige, besonders meinen lieben Paten küßt und grüßt von uns 1000 mahl. Von mir wißt Ihr längst daß ich ewig bin, Eure wahre Freundin

Frau Aja

Gegenüber der Herzogin berichtet Frau Rat ganz offen, was sie von den Verheiratungsstrategien der Schriftstellerin Sophie von La Roche (1731-1807) hielt, die ihre Tochter Louise (1759-1832) mit dem kurtrierischen Gerichtssekretär Joseph Christian von Möhn (1754-1804) verheiratete. Auch ihr Enkel Clemens Brentano (1778-1842) nennt ihn ein wirkliches Scheusal. Der Brief belegt zudem, dass Frau Rat auch gegenüber Personen von Stand kein Blatt vor den Mund nahm.

An die Herzogin Anna Amalia
Franckfurth den 11ten Aprill 1779

Durchlauchdigte Fürstin!
Nach dem Appetitt meiner Samstags mädel zu rechnen müßen die kleine büßqüttiger längst alle seyn – Ich nehme mir hir die große Freyheit, Ew: Durchlaucht noch eine kleine Provision zu übersenden, nehmen Sie Beste Fürstin meine Freyheit ja nicht ungnädig. Bey uns ists Meße!!! Weitmäuligte Laffen, Feilschen und gaffen, Gaffen und kauffen, Bestienhauffen, Kinder und Fratzen, Affen und Katzen u.s.w. – Doch mit Respeckt geredt Frau Aja, Madamm la Roche ist auch da!!!! Theureste Fürstin! Könte Docter Wolf den Tochtermann sehen, den die Verfasserin der Sternheim Ihrer zweyten Tochter Louise aufhengen will; so würde Er nach seiner sonst löblichen Gewohnheit mit den Zähnen knirschen, und gantz Gottloß fluchen. Gestern stellte Sie mir das Ungeheur vor – Großer Gott!!! Wenn mich der zur Königin der Erden |:Americka mit eingeschloßen:| machen wolte; so – ja so – gebe ich Ihm einen Korb – Er sieht aus – wie der Teufel in der 7ten Bitte in Luthers kleinem Catesichmus – ist so dumm wie ein Heu Pferd – und zu allem seinem seinem Unglück ist Er *Hoffrath* – Wann ich von all dem Zeug was begreife; so will ich zur Auster werden. Eine Frau wie die la Roche von einem gewiß nicht gemeinem Verstand, von zimlichen Glücksgütern, von Ansehn, Rang u.s.w. die es recht drauf anfängt Ihre Töchter unglücklich zu machen – und doch Sternheime und Frauenzimmer Briefe schreibt – mit einem Wort, mein Kopf ist wie in einer Mühle. Verzeihen Ihro Durchlaucht, daß ich Ihnen so was vor erzähle, ich habe aber eben das Awentheuer vor Augen – und die Thränen der guten Louise kan ich nicht ausstehn – Der 3te Feyertag ist doch glücklich vorbey

gegangen, ich hoffe – auch etwas davon zu vernehmen? Die Freulein Thusnelde hat eine gar schöne gabe solche Festiviteten zu beschreiben, und ich glaube Sie wird Ihren Ruhm behaupten, und Frau Aja was davon zukommen laßen, dann das Jahrmarcksfest hat Sie gantz herrlich beschrieben – thut Sies – So haben Ihro Durchlaucht die gnade Ihr von den Büsquittger auch Ihren antheil zu überreichen. Der Vater empfiehlt sich zu ferneren Hohen gnaden, und Frau Aja der es nie so wohl ist, als wenn sie, an die Vortrefflichste, Größte, Liebenwürdigste, Beste Fürstin denckt, küßt in Anbethung und Demuth die Hand Ihrer Theuresten Fürstin und bleibt biß ins Grab

Ihro Durchlaucht, Unterthänige Dienerin C.E. *Goethe*

Der folgende Brief an Goethe zeigt auch, dass Frau Rat ihren Sohn beriet und ihm Ratschläge gab. Sie hatte durch Merck indirekt erfahren, dass Intrigen in Weimar Goethe das Leben schwer machten. Offenbar hatte er in einem Brief geäußert, nach Frankfurt kommen zu wollen. In der zweiten Juniwoche 1781 kam Prinz Friedrich Ferdinand Constantin (1758-1793), der jüngere Bruder Herzog Carl Augusts, nach Frankfurt und besuchte Frau Rat. In Frankfurt war zu der Zeit auch der Kaiser Joseph II. (1741-1790) als »Graf von Falkenstein« im Hotel zum »Römischen Kaiser« auf der Zeil abgestiegen, aber sofort von den Frankfurtern erkannt und gefeiert worden, was Frau Aja ihrem Sohn berichtet.

An Goethe

Sontag den 17 Juni 1781. Morgens 9 uhr

Noch ist Printz Constantin nicht hir – Ich werde Ihn nach meiner gewohnlichen art – freundlich und holdselig empfangen, und am Ende dieses, dir den ferneren Verlauf erzählen. Von Kalb und von Seckendorf waren bey mir, und schienen vergnügt zu seyn, da ich aber wuste daß erster dein so gar guter Freund nicht mehr ist; so war ich Ihm zwar überaus höfflich, nahm mich aber übrigens sehr in acht, um nicht nach Frau Aja ihrer sonstigen Gewohnheit gleich vor Freude aufzufahren wenn mann deinen Nahmen nent – Ich machte im gegentheil meine sachen so fein, als wenn der größte Hof meine Säugamme gewesen wäre – Sie waren aber kaum 10 oder 12 Tage nach Düsseldorf gegangen so kamen Sie schon wieder hir an – da ließen Sie mir ein Commpliment sagen – gingen nach Darmstadt, und versprachen in der Rückreiße mich nocheinmahl zu sehen. Das was ich hätte zuerst schreiben sollen, komt jetzt, nehmlich, Tausend Danck vor deinen Brief, der hat mir einen herrlichen Donnerstag gemacht, daher auch dieser gute Tag mit einigen meiner Freunde, auf dem Sandhof mit Essen Trincken Tantzen und Jubel fröhlig beschloßen wurde. Da du aber ohnmöglich rathen kanst, warum gerade dieser Brief mir so viele Wonne verursacht hat; so ließ weiter, und du wirsts verstehen. Am vergangen Montag den 11 dieses kam ich aus meiner Montags Gesellschafft nach Hauß, die Mägdte sagten daß Merck da gewesen und morgen wieder komen wolte – Ich kleidete mich aus, wolte mich eben zu Tische setzen |: es war gleich 10 Uhr: | als Merck schon wieder da war – Dieses späte kommen befremdtete mich schon etwas – noch unruhiger wurde ich als Er fragte, ob ich keine gute Nachrichten von Weimar hätte – weiter erzählte Er daß von Kalb und von Seckendorf wieder hir wären, Er mit Ihnen gesprochen, und auch noch diesen Abend mit Ihnen speiste – Ich habe gar keine Nachrichten von Weimar, Sie wißen Herr Merck daß die Leute dort, so oft nicht schreiben – Wenn Sie aber was wißen so sagen Sies – Der

Docter ist doch nicht kranck – Nein sagte Er davon weiß ich nichts – aber allemahl und auf alle fälle solten Sie suchen Ihn wieder her zu kriegen, das dortige Infame Clima ist Ihm gewiß nicht zuträglich – Die Haupsache hat Er zu stande gebracht – der Herzog ist nun wie Er sein soll, das andre Dreckwesen – kan ein anderer thun, dazu ist Goethe zu gut u.s.w. Nun stelle dir vor wie mir zu muthe war, zumahl da ich fest glaubte – daß von Kalb oder Seckendorf etwa schlimme Nachrichten von Weimar gekriegt und sie Mercken erzählt hätten. So bald ich allein war stiegen mir die grillen mächtig zu kopf. Bald wolte ich an den Herzog, bald an die Herzogin Mutter, bald an dich schreiben – und hätte ich Dinstags nicht meine Haut voll zu thun gehabt; so wäre gewiß was pasirt, nun aber war der Postag versäumt Aber Freytags solte es drauf loß gehen, mit Briefen ohne Zahl

– Donnerstags kam nun dein lieber Brief meinem geschreibe zu vor – und da du schreibst daß du wohl wärst, waren meine Schruppel vor das mahl gehoben. Lieber Sohn! Ein wort vor Tausend! Du mußt am besten wißen was dir nutzt – da meine Verfaßung jetzt so ist, daß ich Herr und Meister bin, und dir also ungehindert gute und ruhige Tage verschaffen könte; so kanst du leicht dencken, wie sehr mich das schmertzen würde – wenn du Gesundheit und kräffte in deinem dinste zusetzen, das schaale bedauern hintennach, würde mich zuverläßig nicht fett machen. Ich bin keine Heldin, sondern halte mit Chilian das Leben vor gar eine hübsche sache. Doch dich ohne Noth aus deinem Würckungs-Kreiß heraus reißen, wäre auf der andern seite eben so thörig – Also du bist Herr von deinem Schicksahl – prüfe alles und erwähle das beste – ich will in Zukunft keinen Vorwurf weder so, noch so haben – jetzt weiß du meine Gedancken – und hiermit punctum. Freylich wäre es hübsch wenn du auf die Herbstmeße kommen könstes, und ich einmahl über all das mit dir reden könte – doch auch das überlaß ich dir. Der Vater ist ein armer Mann Cörpperliche Kräffte noch so zimmlich – aber am Geiste sehr schwach – im übrigen so zimmlich zufrieden, nur wan Ihn die langeweile plagt – dann ists gar Fatal – An der Reparatur des untern Stocks hat Er noch große Freude – meine wohnstube die jetzt gantz fertig ist, weißt Er allen Leuten – dabey sagt Er, die Frau Aja hats gemacht, gelt das ist hübsch – nun wird die Küche gemacht, das ammusirt auch gar sehr, und ich dancke Gott vor den glücklichen einfall den ich da hatte – wenigstens geht der Sommer dabey herum |: denn vor Augst werd ich nicht fertig: | vor den Winter mag die Zukunft sorgen. Wen die Herzogin einen Sohn bekommt; so stelle ich mich vor Freude ungeberdig – laße es mich ums Himmels willen gleich erfahren. Der Kayser Joseph hat unserer Stadt ein groß gaudium gemacht, Er kam zwar im strengsten Inconito – aber das half alles nichts – die Franckfurther als echte Reichbürger stunden zu Tausenden auf der Zeil am Römischen Kayser |: wo das Quartir bestell war: | Drey Kuschen kamen, alles hatte schon das Maul zum Vivat rufen aufgespert – aber vergebens – Endlich kam Er in einer schäße mit 4 pferden – Himmel und Erde was vor ein Lermen! Es Lebe der Kayser! Es lebe unser Kayser – nun komt aber das beste – nachdem Er gespeißt |: um 4 uhr: | ging er zu Fuß in sein Werbhauß im rothen Ochsen auf der Schäffer gaß – vor Freude ihren Kayser zu Fuß gehen zu sehen hätten Ihn die Menschen bald erdrückt. Die Soldaten wolten zuschmeisen um platz zu machen – loßt sie holter gehn – schlagt ja nit – sagte Er sahe alle freundlig an, zog den Hut vor jedem ab – Als Er zurück kam stelte Er Sich in ein Fenster |: nicht auf den Balcon: | und der Lermen ging mit Vivat rufen von neuen an. So groß aber die Freude der gantzen Stadt war; so übel machte die Ankunft des Monarchen dem Herrn von Schmauß, du wirst dich des dicken Kerls noch wohl erinnern – Als Kriegs Commisair hatte Er alle Liefferungen – betrog aber so, daß so wie der Kayser hir an kam – aus Furcht zur Rechenschafft gezogen zu werden – Sich in Mayn stürtze und ersoff. Du fragst, wie der Kayser aussieht – Er ist gut gewachsen, sehr mager, von der Sonne verbrant – hat einen sehr gütigen Blick im Auge – Sein Anzug war, ein grauer Überrock die Haare in einem Zopf – Stiefflen – Bastienne Manscheten – Jetzt wartes alles auf Seine Zurück kunft den es ist ein spaß, und eine halbe Krönung. Franckfurth ist ein curioser Ort, alles was durchpasirt muß den nehmlichen weg wieder zurück – *Vivat* Franckfurth!!!

I. G.

Dienstag d 19ten Juni Morgens 10 uhr

So eben erschiene Printz Constantin mit Seinem Begleiter – Frisch, gesund, und über unsere Gegenden und lage besonders den Maynstrohm sehr vergnügt. Wir waren ungemein aufgeräumt und behaglich zusammen, Frau Aja, Ajate das kanst du leicht dencken, doch alles hübsch mit Maß und Ziel – Sie wird ja einmahl gescheid werden – Unserer lieben Frau Herzogin dancke zum voraus vor Ihren Brief – Ehestens komt die Antwort – In optima Forma – So viel vor dießmahl – Lebe wohl! Vergieß die Herbstmeß nicht – Gott befohlen.

Frau Aja

An den Freund Lavater schreibt Frau Rat über den Zustand ihres kranken Mannes. Johann Caspar Goethe (1710-1782) hatte bereits im September 1779 einen Schlaganfall erlitten, von dem er sich nicht mehr ganz erholte. Ein Jahr später hatte er einen zweiten, schweren Schlaganfall. Nun war er ein Pflegefall, konnte nicht mehr selbst essen und nur noch mühsam sprechen. Frau Rat pflegte ihn bis zu seinem Tod am 25. Mai 1782.

An Johann Caspar Lavater
Den 20ten Augst 1781.

Lieber Sohn!

[...] Daß alles bey Euch wohl ist, habe ich zu meiner innigen Freude von dem jungen Kayser vernommen – Bey uns gehts – so – so. Ich vor mein theil befinde mich Gott sey Danck, noch immer wie ich war, gesund, munter, und guten Houmors – aber der arme Herr Rath, ist schon seit Jahr und Tag sehr im abnehmen – vornehmlich sind seine Geistest kräffte gantz dahin – Gedächnüß, Besinnlichkeit, eben alles ist weg. Das Leben das Er jetzt führt ist ein wahres Pflantzenleben – Die Vorsehung findet eben vor gut, mich durch allerley Wege zum Ziel zu führen – denn daß ich dabey was rechts leide – brauche ich einer so gefühlvollen Sele wie Ihr seyd – nicht lange vorzuerzählen – Zumahl da ich keinen Ersatz an meinen Kindern habe – Alles ist ja von der armen Frau Aja weit weit weg – Ich hatte mir mit der Hoffnung geschmeichelt mein Sohn würde die Herbmeße herkommen, aber da wird auch nichts draus – Er hat so viele Geschäffte, so viel durcheinander zu thun – hat mir aber zu einer kleinen entschädigung einen gar herrlichen Brief geschrieben – Ich muß nun auch darüber meine Sele in Gedult faßen. Vor jetzt wärens nun der Klaglieder genung – Behaltet mich in guten liebevollen Andencken, so wie ich Euch Zeitlebens nicht vergeßen werde |: ob Ihr gleich mein Gesicht nicht gewürdigt habt etwas in Euren 4 großen Büchern drüber zu sagen: | Grüßt alles! Ich bin ewig –

Eure treue Mutter C.E. Goethe

Bereits seit 1778 hatten Merck und Wieland im Auftrag der Herzogin immer wieder den Versuch unternommen, Frau Aja zu einem Besuch in Weimar zu bewegen. Auch der geäußerte Wunsch von Anna Amalia half nichts. Catharina Elisabeth hat Frankfurt am Main nie für eine größere Reise verlassen. Weimar und das Haus ihres Sohnes hat sie nie betreten.

An die Herzogin Anna Amalia
Franckfurth d 11 Juni 1782

Durchlauchdigste Fürstin!

Den Antheil den Ihro Durchlaucht an dem Ableben meines Mannes zu nehmen die Gnade gehabt, hat mich sehr gerührt – Freylich war eine Beßerung ohnmöglich, vilmehr mußte man das was am 25 May erfolgte täglich erwarten – Doch so schnell vermuthete ich mirs doch nicht – Ihm ist wohl, den so ein Leben wie die letzten zwey Jahre, davor bewahre Gott einen jeden in Gnaden! Mit Herrn Krauße, und dem sehr gesprächigen Herrn Paulsen habe ich mich schon sehr ergötzt – Ihro Durchlaucht können leicht dencken wovon wir reden – Ich Catechisire die guten Leute so arg, daß Ihren Lungenflügeln so lang Sie hir bleiben, eine sehr starcke Bewegung bevorsteht. Theureste Fürstin! Aus einem Schreiben von meinem Sohn ersehe mit Erstaunen, daß Unser Bester und Gnädigster Fürst, zu allen, nun bald an die 7 Jahre erzeigten Gnaden und Wohlthaten, noch eine mir gantz ohnerwartete hinzugefügt hat – Über so was kan ich nun gar nichts sagen, denn der größte Danck ist stumm – Gott segne und erhalte unsern Liebens würdigen Fürsten – Unsere Vortrefliche Fürstin Amalia, Die uns diesen wahren Fürsten-Sohn gebohren hat – Das gantze Hochfürstliche Hauß müße grünen und blühen biß ans Ende der Tage – dieß ist der heißeste, eifrigste und hertzinniglichste Wunsch, von Mutter Aja Amen. Durchlauchdigste Fürstin! Jetzt verzält sich Frau Aja die prächtigsten Mährgen, von einer Reiße nach Weimar – Ich hoffe zuverläßig, daß mir der Himmel diese auserordentliche Freude gewähren wird – so geschwind kan es aber freylich noch nicht seyn – Doch Gedult! Wollen schon unsere sieben sachen suchen in Ordnung zu bringen, und dann auf Flüglen des Windes an den Ort eilen, der vor mich alles enthält, was mir auf diesem Erdenrund hoch, theuer und werth ist. In diesen süßen Gedancken will ich einstweilen Leben, und mich unserer Besten Fürstin zu fernern Gnaden empfehlen biß der angenehme Zeitpunct herbey komt, da ich mündlich versichern kan, daß ich ewig seyn und bleiben werde

Durchlauchdigste Fürstin, Dero,
unterthänigste treugehorsambste Dienerin Goethe

Im Sommer 1792 begleitete Goethe seinen Herzog bei der Campagne in Frankreich und machte auch in Mainz und Frankfurt Station, wo er im August seine Mutter besuchte. Am 23. Oktober 1792 hatten die französischen Revolutionstruppen unter General Graf Adam Philippe von Custine (1740-1793) Frankfurt erobert. Am 2. Dezember wurde die Stadt durch preußische und hessische Truppen zurückerobert.

An Goethe

Am neuen Jahrs Tag 1793

Lieber Sohn!

Vielen Danck vor deinen schönen Brief der ist wie er sein soll ich werde bey deinen Freunden Gebrauch davon machen. [...] Deine zurückgelaßne Sachen, schicke ich längstens heut über 8 Tage mit dem Postwagen an dich ab – villeicht geschiehts noch ehnder – nehmlich den Freytag noch in dieser Woche – du glaubst nicht was einem die Einquartirung vor allerley Molesten macht daß mann vieles drüber vergißt – Entschuldige mich also daß die Sachen auf deinen ersten Brief nicht gleich fortgeschickt worden sind. Die Lampe mit 3 Lichtern ist besorgt, so bald sie fertig ist bekomst du sie wohl eingepackt – es sind schon sehr viele davon verschickt worden, und sind immer glücklich angelangt. Da sie vermutlich vor deinen Gebrauch ist; so mache ich dir damit ein kleines Neujahrs Geschenck. Ich laße einstmahl im Jorick, daß das ein bößer Wind wäre, der *Niemandt* was guts zuwehte – das trieft nun mit unserm Schauspiel ein – der Krieg und seine Unruhen die so viele Menschen *icomo*diren und ruiniren macht der *an*terprißе den Beutel voll – Da der König von Preußen und alle Generälle – Herzogen und Printzen alle Abende drinnen sind; so ist dir das ein Leben wie die Krönung – das Hauß das nun schon längst fertig ist hast du gesehen – es ist zimlich groß – aber vor jetzt meistentheils zu klein – So einen Specktackel wie am 2ten Christag habe ich noch nicht |:selbst die Krönung nicht:| drinnen erlebt – über 200 menschen mußten zurück – mann konte keinen Appfel zu Erde werfen – von der Seite wird es sich nun freylich und zwar mit Nutzen halten. Gott bewahre unsere Stadt vor einem Bombartement – den da könnten wir alle arm und elend werden –

und also die Enterprіße gantz nathürlich mit – das wollen wir nun nicht hofen – sondern Gott vertrauen – und den Deuschen Glück und Seegen wünschen. Mein Befinden ist Gott sey [Danck] gantz gut, ich bin wohl und auch vergnügt – trage was ich nicht ändern kan mit Gedult – warte auf beßre Zeiten ängstige mich aber nicht vor der Zeit – nur ist mir unter uns gesagt die deusche Einquartirung sehr lästig – Bey den Frantzosen wenn mann da gemeine hatte hatte mann keine Officire und umgekehrt – Jetzt habe ich zwey Offciere und zwey gemeine – da werden nun statt einer Stube zwey geheitzt, das bey dem theuren Holtz eine garstige Speculation ist – ferner hatten die gemeinen Francken Fleisch, Reiß und Brod im überfluß – diese haben nicht als elendes Brod – die Frantzöische Officire wären lieber Hunges gestorben, als daß sie was gefodert hätten, diesen muß mann es sogar auf die Wache schicken – Summa Summarum es ist eine große Last – meine sind Heßen – wies mit den Preußen ist, weiß ich nicht – da hast du so ohngefähr meine jetzige Lage.
Gott erhalte dich in diesem Jahr mit allem was dir lieb und theuer ist gesund und vergnügt. Er schencke uns den edlen Friedeu diß ist mein und der Wunsch von vielen Tausenden – Behalte mich in Liebevollem Andrucken und sey versichert, daß

ich bin deine treue Mutter Goethe

N.S. Ihro Durchlaucht der Herr Herzog befindet sich wohl – es scheint Ihm hir zu gefallen. Noch eins! Doctor Hetzler läßt dich an den Rußischen Offen erinnern – wovon du ihm ein Model, oder eine Beschreibung versprochen hättest – dencke! Er ist dis Jahr Burgemeister.

Wann Goethe seiner Mutter erstmals von seiner Liaison mit Christiane Vulpius (1765-1816) und ihrem Enkel August (1789-1830) erzählte, ist unklar. Allerdings kam er nach langer Zeit im Sommer 1792 und 1793 gleich zweimal nach Frankfurt. Offenbar gab es Redebedarf. Ihm lag daran, dass seine Mutter die ungewöhnliche Beziehung akzeptierte. In Weimar galt Christiane als »Dirne« und wurde gesellschaftlich angefeindet. Ganz anders Frau Aja. Sie ließ Christiane Geschenke schicken, führte sie später in die Frankfurter Gesellschaft ein und schrieb ihr sehr herzliche Briefe.

An Christiane Vulpius

den 20ten Juni 1793

Daß Ihnen die überschickten Sachen Freude gemacht haben, war mir sehr angenehm – tragen Sie dieselben als ein kleines Andencken von der Mutter deßjenigen den Sie Lieben und hochachten und der wircklich auch Liebe und Hochachtung verdient. Zehn kurtze Tage war Er nur bey mir und seinen Freunden – wir lebten herrlich und vergnügt – und trösten uns auf seine Wiederkunft – und hoffen Ihn alsdann etwas länger zu genießen. Sie können nicht glauben wie lange uns die Zeit wird, biß Maintz wieder in deuschen Händen ist – denn so lange die Freitheits Männer es im Besitz haben, dürfen wir noch nicht Jubiliren – Doch Gott Lebt noch! und es kan alles beßer gehen als viele jetzt glauben –: Ein einziger Augenblick kan alles umgestalten: sagt Gevatter Wieland – und Gevatter Wieland hat recht. Verzeihen Sie daß Ihnen von Kriegs und Kriegs-geschrey so was vor tragire – wir sehen und hören aber Tag-täglich nichts als Bomppen – Kuglen – Pulver Wägen – Blesirte – Krancke – Gefangne u.d.g. Tag und besonders Nachts gehts Canoniren beynahe an einem fort – da ists nun freylich kein Wunder, daß im Reden und Schreiben imer von der Sache was heraus kommt – da mann freylich etwas beßeres und Inte-reßanterer reden und Schreiben tönte und solte. Das soll auch jetzt sogleich geschehen – indem ich mich nach dem befinden des kleinen lieben Augst erkundigen will – ich hoffe er ist Gesund und munter? sagen Sie ihm wenn er hübsch geschickt wäre und das A. B. C. lernte; so wollte ich ihm herrliches *bon bon* – und schöne Spielsachen schicken. Nun Leben Sie wohl und vergnügt! Dieses wünscht von gantzem Hertzen

Ihre Freundin Goethe

Die Enkel der Frau Rat wurden zu Weihnachten mit Geschenken und Süßwaren aus Frankfurt am Main bedacht. Die Bitte ihres Sohnes aber, für den Enkel August eine Spielzeug-Guillotine zu kaufen, wurde empört zurückgewiesen. Gleichzeitig gibt sie sich als Frankfurter Patriotin zu erkennen, die dem Sohn voller Stolz vermeldet, wie die Frankfurter gemeinschaftlich die Kriegslasten tragen.

An Goethe
den 23ten Decemb. 1793

Lieber Sohn!

Alles was ich dir zu gefallen thun kan, geschieht gern und macht mir selbst Freude – aber eine solche infame Mordmaschine zu kaufen – das thue ich um keinen preiß – wäre ich Obrigkeit die Verfertiger hätten an Halseißen gemußt – und die Maschine hätte ich durch den Schinder offendtlich verbrennen laßen – was! die Jugendt mit so etwas abscheuliches spielen zu laßen – ihnen Mord und Blutvergießen als einen Zeitvertreib in die Hände geben – nein da wird nichts draus. Hirbey kommt ein stück von unserm Anzeigblättgen da sehe und sey Stoltz daß du ein Franckfurter Burger bist. Wöchendtlich sind schon 3000 f beysammen die jede Woche biß zum ersten Mertz vor Lebens mittel vor unsere Brüder die Braven Deuschen bestimmt sind. Das heiße ich doch deusches Blut in den Adern haben. Unsere Kaufmans Söhne aus den ersten Häußern – tragen alle Unniformen und sind mit den geringsten Schuster und Schneider einverstanden ihrer Vaterstadt im fall der Noth beyzustehn – unsere Brave Sachsenhäußer sind aufs Quartir amt gegangen – und haben gebethen wann Truppen zum Einquartiren kämen; so möchte mann sie ihnen geben. Leute die ein stübgen – und gröstentheils unbemittelt sind – unsere Metzger haben fast keine Hembter mehr – sie haben sie alle in die Hostpitäler getragen – und das alles aus gutem Hertzen und freyem Willen – es ist niemand eingefallen ihnen so was zuzumuthen – nun verwunder mann sich noch daß Franckfurth reich wird – grünt und blüht – Gott muß ja das belohnen! Jetzt genung von meinen braven Landsleuten – wogegen sich alle andre Reichsstädte verkriechen müßen. Die Schachtel mit dem langen Brief und dem *bon bon* wirst du nun haben. Lebe wohl! Ich bin

deine treue deusche Mutter Goethe

N.S. Sage Götzen was der Heilige Christ nicht gethan hätte, sollte der Neujahrsmann thun – vor Spielsachen – sonst brächte der Heilige Christ nichts – da wäre er zu groß.

Aus ihrer Vorliebe für die Fraktur-Schrift, besonders für die Schriften ihres Sohnes, macht Frau Rat keinen Hehl. Die lateinischen Antiqua-Lettern mochte sie nicht, wie auch der folgende Brief zeigt.

An Goethe

Sontags d 15ten Juni 1794

Lieber Sohn!

Meinen besten Danck vor Reinecke den ertz Schelm – es soll mir aufs neue eine köstliche Weide seyn! Auch verdient Herr Unger Lob und Preiß wegen des herrlichen Papiers und der unübertrefbahren Lettern – froh bin ich über allen Ausdruck, daß deine Schrieften alte und neue nicht mit den mir so fatalen Lateinischen Lettern das Licht der Welt erblickt haben – beym Römischen Carneval da mags noch hingehen – aber sonst im übrigen bitte ich dich bleibe deusch auch in den Buchstaben – Auf Gevatter Wielands Wercke hätte ich prenumorirt aber vor der neuen Mode erschrack ich – und ließe es bleiben. Hir Schlossers producten – ich hatte sie vergeßen beyzupacken – mich freut daß die Kasten glücklich angelandet sind – und daß ich sie vom Halsse habe – wünsche viel Vergnügen daran zu erleben. Das päckgen an Ifland habe sogleich besorgt. Noch ist alles bey mir im alten – zwar haben zwey Mäckler das Hauß von obenan biß untenaus besehen – sind aber noch zur Zeit nicht wieder erschienen. Müßen es eben abwarten. Übrigens befinde ich mich so gantz leidlich von Hertzen gesund – und daß vor dieses Jahr das lincke Bein wie vorm Jahr das rechte so kleine Spaße macht – demohngeachtet gehe ich beynahe täglich aus – z.E. heute zu Stocks in Garten – bin vergnügt und lustig – und sehe Morgen die Erbschleicher von Gotter u.s.w. Lebe wohl! Grüße dein gantzes Hauß – und behalte lieb

Deine treue Mutter Goethe

Friedrich Wilhelm Delkeskamp:
Das Frankfurter Goethe-Haus, 1824

VOM GROSSEN HIRSCHGRABEN INS HAUS ZUM GOLDENEN BRUNNEN

Catharina Elisabeth Goethe war die Arbeit mit dem großen Haus ebenso wie die ständigen Einquartierungen in kriegerischen Zeiten zu viel geworden. Auch Goethe riet ihr zum Verkauf. Neben den Möbeln und der Bibliothek des Vaters lagerten auch noch rund 6.000 Liter Wein im Keller. Daher zeigten auch die Frankfurter Weinhändler Johann Noë Gogol (1788-1865) und Johann Adam Dick (1730-1797) Interesse an den Weinen, nicht aber an dem Haus. Letzterer erhielt schließlich für die stolze Summe von 8.000 Gulden den Zuschlag für die Weine.

Im Brief ist vom Salon der Sophie von Bethmann-Metzler (1774-1806) die Rede, der Tochter des Bankiers Peter Heinrich Bethmann-Metzler (1744-1800). In der Bethmann'schen Villa im späteren Grüneburgpark war auch Frau Rat gern gesehener Gast. 1793 verliebte sich der preußische König Friedrich Wilhelm II. in die hübsche Sophie und umwarb sie mehrere Jahre lang.

An Goethe

den 9ten November 1793

Lieber Sohn!

[...] Hercules misttete einmahl einen Stall aus, und wurde vergöttert – gemistest habe ich – aber mit der Vergötterung wils noch nicht so recht fort. Drey Centner Papier habe durchsucht – das wenige nützliche |: wovon du in einem Kästlein auch etwas erhalten haben wirst: | habe beybehalten – das andre auf die Papirmühle verkauft – Die zwey Böden, und der 3te Stock sind nun von allem unnützen ammeblement gereingigt – das alte Holtzwerck das gar nicht zu brauchen war ist zum verbrennen klein gemacht worden – die andern noch brauchbahre Sachen habe in einen öfendtlichen Ausruf gethann weiß aber noch nicht was draus gelößt worden ist. Mit Verkaufung des Haußes wirds so gehalten: Erstlich wird Schlossers Ankunft erwartet um auch mit Ihm drüber zu reden – Zweytens muß ich *vor allen Dingen* meinem Stand und Würden gemäß ein Logie haben – daß ich mich in meinen Letzten Lebens Jahren nicht zu guterletzt herunter setze. Denn im 5ten Act soll ablaudtirt und nicht gepfeiffen werden – mit Gogel ists nichts der nimbt niemandt – Doch habe meine Lauerer aufgestellt – die werden schon was auftreiben. Drittens nach Schlossers Abreiße – laße unter Herrn Stocks Anleitung einen verschwiegenen Zimermeister das Hauß so ohngefähr schätzen – und Schätzung und das weitre soll du sogleich erfahren. Deßgleichen mit den Weinen. Aergerlich ist mirs daß der Mann der den Catalogus der Bücher machen soll und will so viel zu thun hat, daß der Anfang noch nicht hat gemacht werden können – denn die schöne Witterung wäre dazu sehr dienlich geweßen – Nun muß ich Odem holen – denn mir ist noch immer als säße ich auf dem obern Boden und hätte die 3 Centner Papire um und neben mir, 14 Tage habe daran ausgesucht – O! das war eine verwünschte Arbeit – jedes noch so unbedeutende päckgen, war mit Cordel umbunden – nun das alle aufzumachen!!!

Viele Grüße von allen Freunden – besonders der Sopfie Bethmann – Der König war wieder 3 Tage hir – und freundlicher

und liebreicher wie jemahls! Den Confect wirst du doch wohl erhalten haben?
Neues gibts hir nichts, als daß die Zauberflöte 18 mahl ist gegeben worden – und daß das Hauß immer geproft voll war – kein Mensch will von sich sagen laßen – er hätte sie nicht gesehn – alle Handwercker – gärtner – ja gar die Sachsenhäußer – deren ihre Jungen die Affen und Löwen machen gehen hinein so ein Specktackel hat mann hir noch nicht erlebt – das Hauß muß jedesmahl schon vor 4 uhr auf seyn – und mit alledem müßen immer einige hunderte wieder zurück die keinen Platz bekommen können – das hat Geld eingetragen! Der König hat vor die 3 mahl als Er das letzte mahl hir war, und nur die einzige kleine Loge von Willmer innehatte 100 Carolin bezahlt.
[…] Bey aussuchung der Papire wovon dir eintheil hirmit zugeschickt wird – habe seelige Stunden gehabt – ich war dabey 25 Jahre jünger – ich wünsche dir eine gleiche Freude. Heute als den 24ten Oktober erwarte ich Schlosser da soll viel geredet werden, und das Resultat solst du erfahren. Schlosser war hir und hat den Plann mit dem Hauß und den Weinen sogleich gebiligt – nun werde sachte vorwärtzt gehn – Da Gerning immer noch hir bleibt so werde diesen Brief nicht schließen – villeicht kan ich noch eins und das andre melden. Dem Himmel sey Danck! Endlich ist der Mann erschienen, der den Catalog der Bücher macht – heute ist der 3te Tag da er mit beschäftigt ist. Die Cast[a]nien werde zwischen die Betten packen und dir so bald ein Fuhrmann da ist zuschicken – denn ich hoffe daß wir im punct der Einquartirung diesen Winter zimmlich ruhig seyn werden. Vergeße der Stockin ihre Tablo nicht in Ordnung zu bringen. Da Gerning Morgen verreißt – so sage dir nur noch in gutem Andencken zu behalten

Deine treue Mutter Goethe

Frau Rat berichtet ihrem Sohn auch immer über die Frankfurter Verhältnisse in kriegerischen Zeiten. In diesem Brief erwähnt sie auch den Tod von Goethes Jugendfreundin Maximiliane Brentano, geb. von La Roche, die nach der Geburt ihres zwölften Kindes im Alter von nur 37 Jahren starb. Die Bitte um Almanache und Modejournale, besonders um das ›Journal des Luxus und der Moden‹, das seit 1786 in Weimar erschien, wird in vielen Briefen ausgesprochen und zeigt Frau Rats Vorliebe für Journale.

An Goethe

den 19ten Decemb. 1793

Lieber Sohn!

Schon längst würde ich deine Briefe beantwortet haben – wenn ich nicht gehoft hätte dir von unsern Verkauf Speculationen nähre Nachricht mittheilen zu können – jetzt vernim wie die Sachen stehen. Lippold ist mit dem Abschreiben des Bücher Catalogs biß auf den heutigen Tag noch nicht fertig – freylich sinds 1693 Stück – und da er sonst viel zu thun hat; er ihn auch des verschickens wegen sehr sauber auf Postpapir schreibt – und die Tage kurtz sind – und er sein einziges Auge |:am andern ist er lange blind:| bey Licht schonen muß; so gehts etwas langsam, doch das meiste ist gethann – und bald wird er in deinen Händen seyn. Herr Gogel hat die Weine probirt hat davor 7500f gebothen. Da aber eine Schwalbe keinen Sommer macht, und ich immer hofe noch mehr zu bekommen – so werden sie noch vor den Feyertagen von Herrn Peter Dorville probirt werden – hernach kommt die Reihe an Herrn Dick im Rothen Hauß – mann kan ja jedem seine Meinung hören – und doch thun was mann will. Die versprochne 1000f bekomst du auf allerspästte anfang Mertz – solte es mit den Weinen voran gehen so bekomst dus den Augenblick – Noch hat sich kein schicklich quartir vor Frau Aja presendtirt – es wird sich schon geben – wenigstens habe |: wenn die Bibliotheck und die Weine einmahl fort sind: | mir das Ausziehen sehr erleichtert – Die Boden – die Vorplätze sind von den alten zum theil Wurmstichigen Möbel befreit – ich habe 250f davor gelößt – und ich dancke dir, daß du mir den ersten Gedancken dazu eingegeben hast. Dem kleinen Mädelein seine Rolle war kurtz – Gott! Erhalt dich und was noch übrig ist. Ohne Zweifel wirst du schon erfahren haben, daß die Max Brentano so geschwind aus der Welt gegangen ist – das war ein harter Schlag – vor Brentano u seine 12 Kinder – auch Mama laroche ist zu beklagen. [...] – Vom September – October – November – und December erbitte mir die Modenjournahle – auch was vom Mercur vor mich parat liegt. Lebe wohl! Grüße dein gantzes Hauß von deiner

treuen Mutter Goethe

An Goethe

den 13ten Jenner 1794

Lieber Sohn!

Nun wirst du meinen langen Brief vom 7ten Jenner erhalten – und meine Meinung daraus zur Gnüge ersehen haben. Vor deinen lieben Brief vom 8ten Jenner worinn du mir deine Hülfe zu meinem fortreißen so hertzlich und Liebevoll anbietest – dancke ich dir recht von Hertzens grund. Ich habe noch zur Zeit nicht die geringste Furcht – eben so wenig dencke ich ans Weggehen – Ein panischer Schrecken hat sich freylich über gantz Franckfurth verbreitet – und es wäre kein Wunder wenn mann mit dem Strudel fortgerißen würde – Furcht steckt an wie der Schnupfen – ich hüte mich daher so viel ich kan den Memmen auszuweichen – um mir den Kopf nicht auch verdrehen zu laßen – doch ist das sehr schwer zu vermeiden – den es ist ein Gemeinplatz wo |: wie bey Feuer Unglück: | / jede Ganß und jeder Strohkopf sein Scherflein wischi waschi anbringen kan – und wie ein Kind dem die Amme ein Gespenster Mährgen erzählt hat sich vor dem weißen Tuch an der Wand entsetzt – gerade so gehts bey uns – Sie glauben |: wenns nur recht fürchterlich klingt wahrscheinlich oder nicht das wird nicht mit kaltem Blut untersucht – das ist alles eins, je toller je glaubwürdiger: | *alles*. Zum beweiß nur |: unter Tausendt: | ein Geschichgen. Den 3 Jenner kommt Abens um 7 uhr Frau Elise Bethmann im Nachthabit, außer Odem zu mir gerent – Räthin! liebe Räthin! Ich muß dich doch von der großen Gefahr benachrichtigen die Feinde bompardiren Mannheim mit glühenden Kuglen – der Commandant hat gesagt, länger als 3 Tage könte er sich nicht halten u.d.m. Ich bliebe gantz gelaßen – und sagte eben so kalt – wie machen sies dann – daß sie Mannheim beschießen können – sie haben ja keine Batterien schießen sie dann vom flachen Ufer hinüber – da werden ja die Kuglen biß sie über den breiten Reihn kommen wieder kalt – und was der Commandandt zu thun gedenckt, wird er schwerlich austrommlen laßen – woher weiß denn das euer Corcßpondtend – schreibe du ihm, er wäre ein Haßenfuß – So ein Gerüchte verbreitet sich nun, und da die Bethmanns als gewaltige Leute bekandt sind, so glaubt alles sie habens aus der ersten Quelle – da dancke ich nun Gott, daß ich so viel Verstand habe das trierum trarum nicht zu glauben – und das lustigste ist, das sie alle gute Nachrichten nicht glauben – Die Obrigkeit hat den Senator Luther an den Herzog von Braunschweig – den

Kaufmann Jordis an Generahl Wurmser abgeschickt um von der Lage der Sachen Gewißheit zu erfahren – Beyde kamen mit den besten Nachrichten und Versicherungen zu rück – das hielft aber alles nichts – sie wollen sich nun einmahl fürchten – sie wollen nun ohne Brandschatzung doch Brandschatzung geben – denn glaubst du wohl daß die Transportirung der hir gelegenen Wahren schon eine Milion f fortzuschafen gekostest hat! Aber so was hat mann auch sehen müßen um es zu glauben! Der Roßmarckt wo alles gewogen werden muß, ist doch ein großer Platz – aber da war vor Fuhren keine Möglichkeit durchzukommen – und das nicht etwann einen Tag, nein, vom ersten Rückmarsch der Deuschen biß auf den Augenblick wo ich schreibe. Da sind 10 Meßen Kinderspiele dagegen. Vorgestern ist mein Nachbar Dübari mit Frau und 6 Kinder auch auf und davon. Ich wolte nur daß alle feige Memmen fort gingen, so steckten sie die andern nicht an. All das Zeug und wirr warr hat mir nun Gott! sey Danck noch keine trübe Stunde gemacht – ich schlafe meine 8 Stunden nett hinweg – eße und trincke was manirlich ist – halte meine Montag Commpanie auch die ditto Sontag in Ordnung – und welches das beste ist, befinde mich wohl. Den plesirten Leutnant habe ich nicht bekommen, davor aber einen Preußischen Obristen nahmens Jungherrn mit 4 seiner Leute – die glauben nun wenigstens im Paradieß zu seyn – Aber was die auch freßen!! die waren so ausgehungert daß es ein jammer war! Gestern ließe ich ihnen einen Schweinebraten zu Tische tragen – das war dir eine Königliche pläsir. Ich bin nicht gern Überbringerin bößer neuigkeiten – also wenn Gerning noch bey dir ist; so sage ihm folgendes nicht – seine Mutter ist vermuthlich auch aus Angst über die gegenwärtige Zeitläufte – Närisch geworden – will nach Italien zu ihrem Sohn u.d.M. Vergeße die Antwort die Doctor Behrends begert nicht – und noch einmahl sagt dir vor deine Liebe und Aufmercksamkeit vor mein Wohl den besten Danck

Deine treue Mutter Goethe

N.S. glaube nicht alles was von hir geschnackt wird – es sind viel feurige kuglen von der Bethmann drunter.

An Goethe
den 6ten Februar 1794

Lieber Sohn!

Hier erscheint endlich der Catalogus – gefält dir die Einrichtung so soll er so gedruckt werden – nur eins halte ich vor nicht gantz schicklich – nehmlich daß des Vaters nahmen vorgedruckt wird – es braucht ja niemandt zu wißen von wem die Bücher sind – und der Nahme thut zur Güte der Bücher nichts – ich ließe ihn also weg – nicht allein über dießes sondern überhaupt erwarte dein Urtheil. Suche dir nun aus was dir etwann nützlich deucht – alsdenn soll ihn Schlosser auch bekommen – schicke ihn zu dem Ende bald zurück. Gleich zu Anfang des Mertzens kans du die versprochne 1000 f haben – sollen sie so wie schon geschehen an Herrn Bansa ausgezahlt – und dir hernach durch Herrn Streüber übermacht werden? auch darüber erbitte mir deine Meinung. Mit dem andern Verkauf ist jetzt alles wie leicht zu dencken ist still – doch hat sich ein neuer Liebhaber zu den Weinen gemeldet – Er wird sie villeicht die andre woche probiren – den Erfolg solst du sogleich erfahren – es ist Herr Dick im Rothenhauß – Wegen der Gemählde ist mir eingefallen, ob ich nicht sie Herrn Nothnagel an bieten solte – ich wolte 100 Carolin davor fordern – mann könte ja hören was er dazu sagte – übereilen werde nichts – auch nichts vor mich thun – sondern deine Meinung vor allen Dingen hören – ohngeachtet die Zeitläufte so beschaffen sind, daß mir des Diogines sein Faß am liebsten wäre – ich wolte es schon rollen!! [...] Was das alles am Ende noch werden soll – das weiß glaube ich der größte politicker nicht – genung wir sind in einem wirr warr – der nicht ärger seyn kan – Laßen wir das Ding gehen wie es kan – ängstigen uns nicht vor der Zeit – bringen unsere Tage so vergnügt zu als wir können – denn wir können dem Rad des Schicksales doch ohne zerschmettert zu werden nicht in die Speichen greifen u.s.w. Dencke! vorige Woche ist die Zauberflöthe zum 24ten mahl bey voll gepropftem Hauße gegeben worden, und hat schon 22000 f eingetragen! Wie ist sie denn bey Euch executirt worden? machens eure Affen auch so brav, wie unsere Sachsenhäußer? Jetzt will ich einpacken, damit die Geschichte Morgen bey Tages anbruch fort gehen kan – Lebe wohl! Grüße alles in deinem Hauße – auch den braven Götze von

Deiner treuen Mutter Goethe

An Goethe
den 1ten Aprill 1794

Lieber Sohn!

[...] Was macht du denn vor ficks facks mit deiner Unschlüßigkeit – wunderlicher Mensch! nehme deine Jugendfreunde die du ungern verkaufen siehst – suche dir aus was dir Freude macht, was kommt denn auf ein 100 f mehr oder weniger an –

du hast ja das erste und größte Recht dazu – nur mache daß ich den Catalog noch vor oder zu Anfang der Meße bekomme – denn zu Anfang des Sommers wird hir eine andre große Bibliothecke verkauft, da mögte ich die unserige gern mit anstoßen – es ist profitabeler – nun muß Schlosser den Catalog noch haben – auch muß er gedruckt und in die Welt geschickt werden, drum zaudre und zögre nicht länger – nimb was du wilt und damit Holla – alsdann schicke ich dir den gantzen ausgesuchten Plunder auf einmahl – was soll ich jetzt und den abermahl packen und schicken u.s.w. Mit dem Verkauf der Sachen werde mich gantz zuverläßig nicht übereilen – doch stille sitze ich auch nicht – ich würcke und treibe die Sache so im stillen – denn wer nicht sucht, der findet auch nicht. Heute habe ich unsern alten Bekandten Peter Melchior zum Mittagessen – da wollen wir ein schwatzen – 20 Jahre uns zurück dencken – Kriegs und Kriegsgeschrei soll nicht in Anschlag kommen – die großen Herrn mögen sich einander bescheißen |: das ist doch das rechte Wort :| Das soll uns nicht kümmern. Der Churfürst von Cöln räumt |: so sagt man :| sein Argief – und zwar nicht aus Furcht vor den Frantzosen – Ha! wenn die Sage wahr wäre – da lachte ich mir einen Buckel! Lebe wohl! Grüße alles in deinem Hauß

Von deiner treuen Mutter Goethe

Im Mai 1795 hatte Frau Rat ihr neues Zuhause für den letzten Lebensabscnitt gefunden, den »5ten Act«, wie sie es nannte, und applaudierte heftig über das neue Domizil am Roßmarkt im Haus Zum Goldenen Brunnen. Das Haus im Großen Hirschgraben hatte sie für insgesamt 22.000 Gulden an den Weinhändler Johann Gerhard Blum verkauft.

An Goethe

den 16ten May 1795

Lieber Sohn!

Vielen und hertzlichen Danck vor die überschickte Vollmacht! Nichts als dein Cathar weßen – |: da ich nun einmahl nichts von Cörpperlichem Unbehagen an dir leiden mag – weil ich mir gleich dabey allerley unruhige Gedancken mache: | konte mich heute etwas niederschlagen – und mir Wasser unter den Wein gießen – denn seit 14 Tagen schwimme ich in Vergnügen! Ursach? weil sich *alles* zu vereinigen scheint um mir die Unruhe des Aus und Einzugs zu erleichtern. Da du von dem Fortgang meiner Angelegenheiten gerne von Zeit zu Zeit unterrichtet seyn mögest, so vernim *die vor mich* gantz sonderbahr glückliche Wendung der Dinge. [...] Nun hatte ich ein Ideal im Kopfe – worann ich selber zweifelte obs zu finden seyn dürfte – denn Erstlich solte es nicht weit von meiner jetzigen Wohnung entfernt sey[n], weil alle meine besten Freunde um den Fleck herum wohnen – Fingerlings – Metzler – Stocks – Hetzler – Moritz u.s.w. Zweytens sollte es eine schöne Aussicht haben – drittens 3 Zimmer an einer Reihe – und virtens alles was zur Haußhaltung gehört – großer Vorplatz – Küche – Speißekammer auf einer Etage. Gleich den Tag nach unterschriebener Punctation komt ein Mackler – und bietet mir ein logi mit allen oben benanten und verlangten Eigenschafften an – Auf dem Roßmarckt im Goldenen Brunnen – ja sage ich das mag wohl recht hübsch seyn aber es ist zwey Treppen hoch – Das sehen haben sie umsonst sagte der Mann – und wohl mir daß ich diesen klugen Rath annahm – einen Tag später und mein Ideal war an andre vermiettet – zum Haarausreißen wäre es gewiß gekommen! Nun ging ich oder beßer gesagt ich lief hin.

Im hinaufsteigen prüpfte ich die Treppe sehr genau – nun fande ich sie sehr gut – auch nicht auserordentlich hoch – indem die Stockwercke obs schon ein neu Hauß ist – nicht so enorm in die Höhe getrieben sind – nun besahe den Vorplatz – schön – groß – wie ich ihn wünschte – wie ich aber in die Zimmer kam so kan ich dich auf Ehre versichern, daß ich dastünde wie simpel vor Erstaunen – nein eine solche Aussicht – eine solche Lage ist in der gantzen Stadt nicht mehr anzutrefen – die Küche ist hell und schön – eine große Speißekammer – großer Holtzplatz Summa Sumarum mein gantzes Ideal – was nun die zwey Stiegen betrieft; so war das nun gerade nicht in meinem Plann – allein ich überlegte, daß ich in unserm Hauß die Treppe mehr zu steigen habe, indem Kleider – Geräthe – porzelain u.d.g. alle obenauf sind – und dann, daß Frau Aja nicht herum läuft – sondern wen sie aus geht nur einmahl im Tag die nun an sich gute Treppe zu steigen hat – den Preiß wußte ich ehe ich es in Augenschein nahm nehmlich 400 f. – nun habe ich in unserm Hauß 900 f weniger 20 versessen – und meine Gemächlichkeit die ich davor hatte, ist dir am besten bekandt. Wem habe ich aber alle diese Freuden zu verdancken? niemand! als Gott und dir – du hast mich auf den glücklichen Einfall gebracht – meine noch übrigen Jahre in Ruhe verleben zu können. Davor bin ich nicht allein von Hertzen danckbahr – sondern da du vom Verkauf der Baumwißen 1000 f als Geschenck erhalten hast; so mache ich dir vom Verkauf der Weine ebenfals mit 1000 f ein Geschenck – das du Anfang Äugst auf welche Art es dir am gemächlichsten ist beziehen kanst – biß dahin gehen sie ab – und den eigendlichen Preiß – der noch bey mir nicht fest bestimt ist solst du als dann auch erfahren. Um nun gantz in Ruhe und Zufriedenheit zu kommen, so lege ich mit dem Überschuß der Weine ein Capital ab – daß ich mit Pfarrer Starck gemeinschaftlich besessen – und das Er jetzt zum Fortkommen seiner beyden verheurateten Söhne braucht – und mich drum ersucht – und ich Ihm auch bewilligt habe. Von den Alten weinen solt du noch 12 Vouteillen bekommen – nicht allein aber das sondern der Käufer unseres Haußes Herr Weinhändler Blum will von seinen Kostbahren Rüdesheimer – Hochheimer u.d.g. von jedem etwas beypacken – womit ich dir denn auch ein Geschenck gemacht haben will – Sollten die Weine – bey Ihro Durchlaucht oder sonst guten Freunden Beyfall finden; so empfehle ich den wircklich braven Mann – ich habe versprochen es zu thun – und entledige mich hirmit meines Versprechens. Noch eins! Ich habe verschiedne Sachen, die mir den Auszug erschwören würden – und vor die ich auch keinen Platz im neuen Quartir finden tönte – Als da ist das berühmte Puppenspiel – unser Fammilien Portrait wovon wenigstens die Rahme – und das Bret zum übermahlen noch tauglich sind – ferrner noch andre Rahmen – 3 Büsten von Stein – 1tens Ihro Durchlaucht der Herr Herzog – 2tens Durchlaucht Herzogin Amalie – 3tens du selbst. In meinem neuen Hauße muß ich nun auf alles das Verzigt thun, aus Mangel des Platzes – entweder ich laße nun dieses alles Einpacken und schicke es mit einem Fuhrmann zu dir – oder ich verschencke es. In dem alten Hauß werde noch zwey Monath bleiben müßen – den das neue muß geweißt und verschiedne Dinge noch in Ordnung gebracht werden – So weit wären wir nun – was noch geschieht soll alles zu deiner Wissenschaft gelangen. Noch ein unruhig Jahr dann hoffe ich froh und zufrieden – gantz ruhig dem Lauf der Dinge zuzusehen und jeden Alexander zu bitten, mir aus der Sonne zu gehn. Meine 3 Zimmer im Neuen Hauß Möblire ich hübsch und ordendtlich aber aller kling klang wird verkauft – Herr Blum hat Lust die Möbel in der guten rothen Stube zu kaufen – ich habe sie Taxiren lassen 15 Carolin ohne Lüster und Wandleuchter – gibt Er es nicht; so wirds mit allem andern Überfluß im öffendtlichen Ausruff verkauft. Erfreue mich bald mit ein paar Zeilen – und mache das Maaß meiner Freuden voll – Indem du mir die völlige Herstellung deiner Gesundheit verkündigest – biß soll mich mehr freuen als alles übrige. Lebe wohl! Grüße alles in deinem Hauße was dir Lieb ist von deiner

treuen Mutter Goethe

An Goethe
den 24ten Augst 1795

Lieber Sohn!
Schon längst hätte ich dir eine Beschreibung meines Aus und Einzugs überschickt – aber ich wollte erst deine Rückkehr nach Weimar abwarthen – Gott sey Danck! der dir das Carlsbad so wohl hat gedeihen laßen – auch freuts mich, daß ich etwas dazu habe beytragen können. [...] Schon 6 Wochen wohne ich in meinem neuen Quartir – mein Aus und Einzug ging so glücklich von statten, daß ich wenig oder gar keine Ungemächlichkeit davon empfunden habe – zwey Preußische Soldaten haben mir alles hin getragen – weder Schreiner noch Fuhrwerck habe ich nöthig gehabt und nicht das mindeste ist beschädigt worden. Freuen wirst du dich wenn du einmahl herkomst – wenn du mein niedliches logiegen sehen wirst. Eingerichtet bin ich gantz exelentz – ich habe gerade so viel als ich brauche – 3 gar schöne Stuben in einer reihe, eine von 4 Fenster die auch wohl einen Saal vorstellen könte ist so lange mann noch nicht einzuheitzen braucht, meine Wohn und Besuch

Zimmer – die zweyte von 3 Fenster ist mein Schlafzimer – die von zwey Fenster haben meine zwey Mägde – ich habe letztere so hübsch eingerichtet daß wann ich die Freude habe, dich bey mir zu sehen – es dein Zimer wird – meine Leute will ich schon Hintenaus verstecken – Ferner ist ein schöner geräumiger Vorplatz hinter den Zimmern wo alle meine Schräncke stehn – eine schöne helle Küche – alles auf einem Platz auch noch Speißekamer – Holtzplatz – so daß ich die Treppe nicht zu steigen brauche, als wenn ich ausgehe – das ist das innre – aber nun die Aussicht – da ists ohne allen streit das erste Hauß in Franckfurth – die Hauptwache gantz nahe – die Zeil da sehe ich biß an Darmstädter Hof – alles was der Catharinenporte hinein und heraus kommt so mit der Bockenheimerstraße u.s.w. und denn das jetzige Soldaten weßen! So eben werden die Anspacher auf dem Paradeplatz gestelt – um 11 uhr die Wachtparade mit treflicher Kriegerischer Musick alles an mir vorbey – und Sontags wenn die Catharinenkirche aus ist – und die Wachtparade dazu kommt so siehts auf dem großen Platz aus wie am Krönungstag – sogar an Regentagen ist es lustig die vielen hundtert Paraplü vormiren ein so buntes tach – das lustig anzuschauen ist [...]. Ich bin mit einem Wort sehr vergnügt – bereue meinen Tausch gantz und gar nicht und dancke dir noch vielmahls daß du mich auf den guten Gedancken gebracht hast. Nun ich weiß daß du wieder in Weimar bist, soll auch der Judenkram bald erscheinen – das beste davon sind zwey Neßeltüchern Kleider wovon das eine recht hübsch ist – sage aber noch nichts davon – damit es mehr Spaß macht. Jetzt lebe wohl! Auf die Fortsetzung des Romans freue mich sehr. Grüße alles

Von deiner treuen Mutter Goethe

FRANKFURTER GESCHICHTE(N)

Frankfurt am Main war 1796 erneut von französischen Truppen besetzt worden. Im Sommer wurde die Stadt bombardiert und viele Häuser wurden dabei zerstört – darunter auch das Elternhaus der Frau Rat in der Friedberger Gasse.

An Goethe.
den 4ten November 1796

Lieber Sohn!
Vor deinen Willhelm Meister dancke ich hertzlich – Stocks und Sömmering thun das nehmliche und grüßen dich vielmahls. Der 4te Band ist gantz herrlich! Ich bin noch nicht mit zu Ende – denn es ist Confect womit ich mich nur Sontags regalire – mir ist Angst und bange – daß das der letzte Band seyn mögte – künftigen Sontag werde es erfahren – denn ich leße es ungebunden – und kucke um Leben nicht in den letzten Bogen – noch einmahl meinen besten Danck davor. […] Ich mögte deinem Augst gern eine kleine Freude auf die Christtage machen – dazu mußt du mir behülflich seyn – Hoßen und Weste von hübschen Winterzeug – wenn das beliebt würde, so müßte aber der Schneider befragt werden wie viel er dazu braucht, auch müßte die breite an gegeben werden z.E. ist das Zeug Ehlen breit so braucht mann so viel u.d.g. Weißt du aber etwas anders so berichte es. Unser Liebes Franckfurth komt wieder

nach und nach ins alte Gleiß – Gott sey ewig danck, daß unsere Verfaßung geblieben ist – davor war mir am bängsten – mit den Schulden – und was die Bürger am Ende werden beytragen müßen wird sichs auch geben – von dem Gelde das vom Kirchen und Bürger Silber ist geschlagen worden, soll Augst auch einen Convensthaler zum Andencken in seine Spaarbüsse haben – es sind doch 80 000 f zusammen getragen worden – von Maleberth – und die alte Frau Leerse haben keinen Silbernern Löffel mehr – und der Pfarrer Starck |: der nun gestorben ist: | hat sein schönes Müntzcabinet auch dazuhergegeben – genung jeder hat gethan was ihm möglich war – die ärmsten Leute haben die Patengeschencke ihrer Kinder dargebracht – auch haben die Frantzsosen gesagt so eine Einigkeit zwischen Magisterrath und Bürgerschaft wäre ihnen noch in keinem Lande in keinem Orte vorgekommen. [...] So habe ich mich durchgedrückt. Heute habe eine sehr gute Nachricht gehört – |: wenn sie wahr ist: | die Stadt ist vom Convent vor Neuterahl erklährt, und die Geißlen kommen in 14 Tagen wieder – das wäre herrlich. Lebe wohl! Behalte lieb

deine treue Mutter Goethe

Im August 1797 besuchte Goethe Frankfurt am Main und brachte Christiane und seinen Sohn August mit. Seine Mutter, die sich hervorragend mit Christiane verstand, traf er zum ersten Mal in der neuen Wohnung an. Goethe besuchte Verwandte und Jugendfreunde, ging in die Oper und traf mit Friedrich Hölderlin zusammen. Am 25. August verließ er Frankfurt wieder. Seine Mutter sah er bei diesem Besuch zum letzten Mal.

An Christiane Vulpius.
den 23ten September 1797

Liebe Freundin!
Zwey ja dreyfachen Danck bin ich Ihnen schuldig – vor die Huflandischen Bücher – vor die auserordentlichen schönen und wohlgerathenen Strümpfe – die mir wie angegoßen sind – und mich diesen Winter vor der Kälte wohl beschützen sollen – und endlich daß, Sie mir doch ein klein Fünckgen Licht von meinem Sohn angezündet haben – vermuthlich wißen Sie also wo Er ist? Gestern waren es 4 Wochen daß Er von hir weggereißt ist und ich habe noch keine Zeile von Ihm gesehen – die Briefe die nach seiner Abreiße bey mir eingelaufen sind – liegen ruhig auf meinem Tisch – da ich nicht weiß wo Er ist – und ich sie also ohnmöglich Ihm nachschicken kan. Da ich von Ihnen Liebe Freundin höre daß Er wohl und vergnügt ist – so bin ich ruhig – und will alles andre gedultig abwarten. Unsere Meße ist dißmahl auserordtlich Brilliant – Königliche Bräute zukünftige Churfürstinnen – Printzen – ditto Printzeßinnen – Gaffen soll Graffen heißen – Baronen – mit und ohne Stern u.s.w. Es ist ein fahren – Reiten – gehen durcheinander – das Spaßhaft anzuschauen ist – mittlerweile wir nun hir gaffen klaffen und ein wahres Schlarraffen Leben führen – Sind Sie meine Liebe arbeitsam – sorgsam – wirthschaftlich – damit wenn der Häschelhans zu rück kommt – Er Kammern und Speicher angefült von allem guten vorfinden wird – nehmen Sie auch davor meinen besten Danck – denn ein wirthschaftliches Weib – ist das edelste Geschenck vor einen Biedermann – da das Gegentheil alles zerrüttet und Unglück und Jammer über die gantze Familie verbreitet – Bleiben Sie bey denen Ihnen beywohnenden Edlen Grundsätzen – und Gott! und Menschen werden Wohlgefallen

an Ihnen haben – auch wird die Ernde die Mühe reichlich belohnen. Grüßen Sie den lieben Augst und dancken Ihm durch einen Kuß vor seinen Lieben Brief – Gott! erhalte Ihn zu unser aller Freude gesund – und laße Ihn in die Fußstappen seines Vaters tretten Amen. Behalten Sie mich indeßen in gutem liebevollen Andencken – und Seyn versichert daß ich biß ans Ende meiner Tage seyn werde

dero treue Mutter – und Freundin Goethe

N.S. […] Auch sagen Sie dem Lieben Augst daß Er ehestens auch ein Briefgen von mir haben soll – heute aber hat die Großmutter viel und mancherley zu betreiben – und Er soll vor dißmahl mit Kuß und Gruß vorliebt nehmen. Vor das Modejournal dancke gleichfals.

Im Sommer 1799 weilte die Königin Luise von Preußen (1776-1810) in Frankfurt am Main. Bereits im Jahr 1790 war die damals 14-jährige Luise, Prinzessin von Mecklenburg-Strelitz, mit ihrer Schwester Friederike (spätere Königin von Hannover, 1778-1841) und dem Prinzen Georg (ab 1816 Großherzog von Mecklenburg-Strelitz, 1779-1860) zur Kaiserkrönung Franz' II. (1768-1835) in Frankfurt bei Frau Rat einquartiert gewesen. Die Kinder hatten eine schöne, unvergessliche Zeit erlebt und hatten Frau Aja ins Herz geschlossen. 1799 besuchte Königin Luise ihre Schwester, die Fürstin Therese von Thurn und Taxis (1773-1839), und ließ Catharina Elisabeth zu sich einladen.

An Goethe.
den 20ten Juli 1799

Lieber Sohn!
Hertzlich hat mich die Nachricht von Euer aller Wohlseyn erfreut – So wie mir meine Liebe Tochter schreibt – war ein etwas starcker Roumor in Eurem Haußweßen wegen Anweßenheit der Königlichen Majestät! Die Franckfurther haben auch alles mögliche gethann – um ihren ehemahligen Bekandten zu beleben – Er hat es auch recht freundlich auf und angenommen – mir ist eine Ehre wiederfahren, die ich nicht vermuthete – die Königin ließ mich durch Ihren Bruder einladen zu Ihr zu kommen der Printz kam um Mittag zu mir und speißte an meinem kleinen Tisch – um 6 uhr holte Er mich in einem Wagen mit 2 bedinten hintenauf in den Taxischen Palast – die Königin unter hielt sich mit mir von vorigen Zeiten – erinnerte Sich noch der vielen Freuden in meinem vorigen Hauß – der guten Pannekuchen u.s.w. Du Lieber Gott! was so etwas vor Wirckung auf die Menschen macht! Das war gleich in allen Coffe und Weinhäußern, in großen und kleinen Gesellschaften – es wurde in den ersten Tagen nichts anders geredetet als, die Königin hat die Frau Rath durch den Erbprintzen von Mecklenburg zu sich holen laßen – und wie ich Stapazirt wurde alles zu erzählen was alles da wäre abgehandelt worden mit einem Wort ich hatte einem Nimbus ums Haupt der mir gut zu Gesichte stand. Dancke ja recht schön meiner Lieben Tochter vor Ihren Lieben Brief und vor die überschicken Jounahle und Mercure – besonders aber vor das herrliche Werck der Confirmation des Er[b]printzen – *das hat mir wohlgethan* – das ist ein ander Ding – als von unserm überspanten Hufnagel – mit seinem jemmerlichen a.b.c. buch worüber in Sachsenhau-

ßen beynahe eine Revolution entstanden wäre. Die Bethmann danck recht sehr vor die Höltzer die wohlbehalten angelangt sind – mit dem überblieben Louidor das hast du gantz brav und schön gemacht – In der vorigen Lotteri hast du ja gerade so viel gewonnen – daß gegenwärtige Ziehung nichts kostest die 5te Classe wird den 5 Augst – und die letzte den 2ten September gezogen – da du denn gleich Nachricht haben solst. Der Liebe Augst hat mir wieder ein dickes Heft von seinen Reißen zugeschickt – das mich sehr gefreut hat – grüße Ihn hertzlich von der Großmutter und dancke Ihm. [...] – Meiner Lieben Tochter würde ich auch geschrieben, und mich bey Ihr selbst bedanckt haben – deßgleichen an den Lieben Augst – aber ich habe durch die Kranckheit meiner Köchin, so eine Unordnung in meinen thun und seyn – daß mir diesen Brief zu Ende zu bringen Mühe kostest – da ich nehmlich nichts ordentliches bey mir zu Eßen haben kann; so gehe ich beynahe alle Tage zu Gaste bin also den Nachmittag nicht zu Hauß – da gibts nun die Morgenstunden – aufzuräumen – zu Rechnen und diß und das – daß die Zeit zum Schreiben sehr knapp zugetheilt ist. Ich will bey beßerer Muße alles wieder einbringen. Grüße und Küße einstweilen alles was dir und mir lieb ist von

deiner treuen Mutter Goethe

An Christiane Vulpius.
den 22ten Mertz 1802

Liebe Tochter!
Sie haben mir wieder durch Ihr liebes Schreiben einen sehr frohen Tag gemacht – Gott! vergelte es Ihnen! Aber das muß

wahr seyn – Weimar ist der wahre Sitz der Musen das Teusche Athen – die glücklichen Einwohner können ihren Geschmack recht bilden – sie bekommen nichts zu sehen – als schönes und vortrefliches – ihr Auge gewöhnt sich an die schönen Formen – genung sie werden in allem Aufgeklärt, da *wir* arme Sterbliche ewig Kinder bleiben – den meisten meiner Landes-leute ist der Bauch ihr Gott – wahre Hippeldantze – vor das Geld ihrer Gastereyen könte die größte Mahler und Zeichnungs Academi unterhalten werden – und diese Bachanalien sehen der Langeweile so ähnlich, wie ein Troppen Wasser dem andern. Genung von diesem elenden Geschlecht. Den Aufzug auf der Maskarade hätte ich wohl sehen mögen – besonders den Lieben Augst – grüßen und küßen Sie Ihn von mir. Was wird es aber erst vor Herrlichkeiten bey der Vermählung des Erbprintzen geben!!! Etwas gutes muß ich doch auch von uns schreiben – Willmer hat einen Fond zusammen gebracht – wovon die Schauspieler im Alter unterhalten werden sollen und damit eine große Sorge von diesen Menschen abgewältzt – auch ist der Verlust der Madam Kanabich durch die berühmte Lange reichlich ersetzt. Ihnen meine Liebe Tochter können andre Neuigkeiten kein Vergnügen machen weil Ihnen die Menschen unbekandt sind – aber meinem Sohn sagen Sie daß der Doctor Moors |: sonst Lammsensohn genandt: | der mit Ihm auf einen Tag gebohren Stadtschuldheiß geworden – und unser Vetter der Doctor Textor die Senator würde erhalten – und beyde Ihn hertzlich grüßen laßen. Leben Sie wohl! Grüßen hertzlich meinen Sohn und den Lieben Augst zu deßen Confirmation ich Ihm Taußendt Seegen wünsche, und behalten lieb

Euer aller treue Mutter Goethe

Im Sommer 1803 reiste das preußische Königspaar Friedrich Wilhelm III. (1770-1840) und Luise nach Wilhelmsbad bei Hanau, wo man mit der Schwester des Königs, der Kurprinzessin Auguste von Hessen-Kassel (1780-1841), einige Wochen verlebte. Die Königin wünschte erneut Frau Aja zu sehen und auch Goethes Herzog Carl August war zugegen.

An Goethe.
d. 24ten Juni 1803

Die große Freude die mir am Sontag den 19ten Juni zu theil geworden ist, würde ich mich Sünde fürchten dir zu verschweigen also vernim was sich zugetragen hat. Der König und die Königin von Preußen waren am Willhelmsbaad – die Königin äußerte daß Sie die Räthin Goethe sehen und sprechen müßte – und daß demnach Anstalten getrofen werden mögten mich hinzubringen – die gräffin von Leiningen ließe mir den Befehl von Ihro Majestätt demnach zu wißen thun, und kamen um 2 uhr Mittags mich in einem schönen Wagen bespant mit 4 raschen Pferden abzuholen. 4 ½ uhr waren wir im Willhelms Baad – ich wurde in ein schönes Zimer geführt da erschien die Königin wie die Sonne unter den Sternen – freute Sich hertzlich mich zu sehen presentirte mich an Dero 3 Schwestern die Herzogin von Hillburghaußen – Erbprintzses von Turn und Taxis – Fürstin von Solms – letztere und die Königin erinnertten Sich noch mit vieler Freude der Zeiten der Krönungen, meines Haußes u.d.g. Da ich so recht zum Jubel gestimt war *wer kam da dazu*?? Unser Hertzog von Weimar! Gott!!! welche Freude vor mich – O! wie viel liebes und gutes hat Er von dir gesagt – ich dancke Ihm mit gerührtem Hertzen vor die Gnade die Er dir in der letzen fatalen Kranckheit erwißen – Er sagte |:auch sehr gerührt: | daß hat Er auch an mir gethan – schon 30 Jahre gehen wir miteinander und tragen miteinander. Ich war so aufgespant daß ich hätte lachen und weinen zu gleicher Zeit mögen – in dieser Stimmung ließe mich die Königin in ein anders Zimmer rufen – da kam auch der König – die Königin ging an einen Schranck und brachte ein kostbahres goldenes Halsgeschmeide und nun erstaune!!! Befestigte es um meinen Hals mit Ihren eigenen Händen – biß zu Thränen gerührt – konte ich nur schlecht dancken. In diesem kostbahren Schmuck kam ich wieder in Zimmer wo unser vortreflicher Hertzog und die 3 Schwestern der Königin waren – die dann große Freude ob meiner prächtigen Verwandlung bezeigten. Alles zu erschöpfen was an diesem vor mich so gloreichen Tag geschah ist ohnmöglich – genug, ich kam Abens um 10 uhr vergnügt und Seelig im goldenen Brunnen an.

Auszug eines Briefes aus Weimar.

Wir haben einen innigen hohen genuß gehabt Goethes Eugenia ward gegeben – Ein hohes tiefgedachtes tiefempfundenes Stück an Inhalt wie an Kunst. Goethes gantz würdig, Sein bester Genius war mit Ihm. Der Inhalt ist gantz politisch – das Menschliche im Kampf – oder villmehr durchflochten mit den Verhältnüßen des Lebens – das ewige Schauspiel der Welt! Und diß alles in der Einfachsten edelsten Sprache – in den schönsten Jamben. Er will das gantze in 3 Abtheilungen geben. Ach! es wird noch sehr tragisch kommen – es ist hochtragisch angelegt uns innig ansprechend wahr. Unsere Seele ist davon erfült und bewegt. Freuen Sie Sich mit uns über diß reine ästhetische Kunstwerck. Herder.

[…] Meiner Lieben Tochter dancke hertzlich vor die überschicke Mercure und Modejournahle – auch hatte Sie die Güte zu versprechen die fehlende Mercure vom Jahr 1802 mir mit Zeit und Muße zu übersenden – die fehlenden No. sind No. 5. No. 11. No. 12. Den Lieben Augst grüße ich von Hertzens grund – deßgleichen meine Liebe Tochter – und bin und bleibe

Euer aller treue Mutter u Großmutter Goethe

An Christiane Vulpius.
den 24ten September 1803

Liebe Tochter!
Sie haben also wohl zugenommen, Sind hübsch Corpulent geworden das freut mich, denn es ist ein Zeichen guter Gesundheit – und ist in unserer Familie üblich – Auch schreiben Sie mir von dem Wohlbefinden und frohseyn meines Sohnes – und von dem Wachsthum des Lieben Augst – lauter Dinge die mich froh und heiter gemacht haben – und immer Lebens balsam vor mich sind – Ich bin Gottlob wohl! Bey meiner sehr einfachen Lebens weiße, geht so ein Tag nach dem andern hin manchmahl werde ich durch angenehme Zuvälle etwas aus der alten Ordnung heraus gehoben – so war die Geschichte mit der Königin von Preußen, und dem goldenen Halsband – so mußte ich vorige Woche zur Margräffin von Bareith kommen – so war Madame Unzelmann hir u.s.w. Dieses alles ist aber nichts gegen dem, wenn Ihr würcklich herkommen soltet – die Pfanne in der Faßnacht würde ein armer Narr gegen mich seyn – so fest und steif glaube ich aber nicht dran – den da mein Lieber Sohn so sehr viele Geschäffte hat – und da Er jetzt die Gelehrte Zeitung mit Schüller schreibt – da wird Ihm Seine Zeit sehr zusammen gehn – da es aber doch möglich ist, daß Er sich Luft machen und froh und frey |: denn das bitte ich mir aus: |

hirher kommen kan; so solt Ihr mit offenen Armen und fröligen Gesichtern empfangen werden. Die Meße soll nicht sonderlich seyn wens wahr ist so muß es am Geld und nicht an den Menschen liegen, denn so eine menge Menschen sind hir, daß die Gasthäußer alle voll sind – darunter befanden sich denn – Könige – Churfürsten – Fürsten u.s.w. Lotte Kästnern war hir, läßt dich vielmahls grüßen – ist jetzt in Wetzlar – und ist aus Hanover geflüchtet. Lebt wohl meine Lieben! Behaltet Lieb

Eure treue Mutter und Großmutter Goethe

N.S. Daß Sie meinen Sohn und Augst hertzlich von mir grüßen – das vergeßen Sie ja nicht.

Die Freie Reichsstadt Frankfurt am Main war seit 1562 die Krönungsstadt der Kaiser des Heiligen Römischen Reichs gewesen. Am 6. August 1806 hatte Kaiser Franz II. die Reichskrone niedergelegt. Damit war das »Alte Reich« Geschichte und es endete auch die Souveränität Frankfurts als Reichsstadt. Am 6. September nahm Karl Theodor von Dalberg als Fürstprimas für die Rheinbundstaaten seine Arbeit auf.

An Goethe.

den 19ten Augst 1806

Lieber Sohn!
Du kanst leicht dencken wie freundlich Herr Frommann von mir empfangen wurde da ich durch Ihn deinen Lieben Brief empfing – Gott sey danck! der das Baad gesegnet und deine Gesundheit auf neue befestigt hat! Er wird alles übel auch in Zukunft von dir entfernen, diß traue ich Ihm mit fester Zuversicht

zu – und dieses Zutrauen hat mich noch nie |: in keiner Noth: | stecken laßen – dieser Glaube ist die einzige Quelle meines beständigen Frosinns – bey unserer jetziges Lage ist eine große Stütze nothwendig – auf wen also? alle Menschen sind Lügner sagt David aus eigner Erfahrung denn Seine Majestät hat saubre Stückger gemacht – Unsere jetzige Mäjestätten – da hat mann auch Trost die Hülle und Fülle! Ich werde nicht betrogen, den ich habe mein Vertrauen nicht dahin gestelt – Bey meinem Monarchen verliert mann weder Capital noch Intereßen – den behalt ich. Mir ist übrigens zu muthe als wenn ein alter Freund sehr kranck ist, die ärtzte geben ihn auf mann ist versichert daß er sterben wird und mit all der Gewißheit wird mann doch erschüttert wann die Post kommt er ist todt. So gehts mir und der ganßen Stadt – Gestern wurde zum ersten mahl Kaiser und Reich aus dem Kirchengebet weggelaßen – Iluminationen – Feyerwerck – u.d.g. aber kein Zeichen der Freude – es sind wie lauter Leichenbegengnüße – so sehen unsere Freuden aus! Um mich Lieber Sohn! Habe keine Besorgnüße, ich komme durch – wenn ich nur zuweilen etwas guts von Euch meinen Lieben höre; so stört mich nichts in meinem Frohsinn – und meine 8 Stunden schlafe ich richtig in einem fort u.d.g. Der Primas wird täglich erwartet – Villeicht geht alles beßer als mann denckt – müßen erst den neuen Rock anprobiren – Villeicht thut er uns nur wenig geniren – drum laßt hinweg das Lamentiren u.s.w. Lebt wohl! Behaltet lieb – diejenige die unter allen Regirungs Veränderungen ist und bleibt

Eure Euch Liebende Mutter u Großmutter Goethe

N.S. Tausend hertzliche Grüße an meine Liebe Tochter u an den Lieben Augst, deßen Strumpfbänder ich immer noch zum Andencken trage.

Noch eine Nachschrift! Das Zusammentrefen mit der Printzeßin von Mecklenburg hat mich auserordentlich gefreut – Sie – die Königin von Preußen – der Erbprintz werden die Jungendliche Freuden in meinem Hauße genoßen nie vergeßen – von einer steifen Hoff-Etikette waren Sie da in voller Freyheit – Tantzendt – sangen und sprangen den gantzen Tag – alle Mittag kamen Sie mit 3 Gablen bewaffnet an meinen kleinen Tisch – gabelten alles was Ihnen vorkam – es schmeckte herrlich – nach Tisch spielte die jetzige Königin auf dem piano forte und der Printz und ich waltzen – hernach mußte ich Ihnen von den vorigen Krönungen erzählen auch Mährgen u.s.w. Dieses alles hat sich in die jungen Gemüther eingedrück daß Sie alle 3 es nie bey aller sonstigen Herrlichkeit nimmermehr vergeßen – bey etwaiger Gelegenheit werde es anzubringen wißen – daß du deines Auftrags dich bestens entlegigt hat. Lebt nochmahls wohl u gedenckt meiner.

Im März und April 1807 besuchte Christiane, die mittlerweile mit Goethe verheiratet war, die Frau Rat in Frankfurt am Main und wurde von ihr in die Frankfurter Gesellschaft eingeführt. Die beiden Damen verstanden sich blendend und Frau Rat fand nur lobende Worte für ihre Schwiegertochter.

An Goethe.
Freytag d 17ten Aprill 1807

Lieber Sohn!

Dein Brief welcher die glückliche Ankunft meiner Lieben, Lieben Tochter mir verküntigte hat mir Hertz und Angesicht frölich gemacht – Ja wir waren sehr vergnügt und glücklich beyeinander! Du kanst Gott dancken! So ein Liebes – herrliches unverdorbenes Gottes Geschöpf findet mann sehr selten – wie beruhigt bin ich jetzt (da ich Sie genau kenne) über *alles* was dich angeht – und was mir unaussprechlich wohl that, war, daß alle Menschen – alle meine Bekandten Sie liebten – es war eine solche Hertzlichkeit unter ihnen – die nach 10Jähriger Bekandtschaft nicht inniger hätte seyn können – mit einem Wort es war ein glücklicher Gedancke Sich mir und allen meinen Freunden zu zeigen alle vereinigen sich mit mir dich glücklich zu preißen – und wünschen Euch Leben – Gesundheit – und alles gute was Euch vergnügt und froh machen kan Amen. Die Schriefen werden mit Jubel empfangen werden – den 1ten Band kriege ich nun einmahl nicht satt! die 3 Reuter die unter dem Bett hervorkommen, die sehe ich leibhaftig – die Braut von Corindt – die Bajadere – Tagelang – Nächte lang stand mein Schief befrachtet – der Zauberlehrling – der Rattenfänger u alle andre das macht mich unaussprechlich glücklich – meinen besten Danck davor. Meine Liebe Tochter wird eine Freude haben über das Kleid das die Stocks verfertig haben – ein Kaufmann überbringts Ihr. Die Meße war nicht gantz schlecht – verschiedne Waren gingen starck ab – müßen froh seyn daß die Sache noch so ist. Sonst ist alles still – unser Fürst kommt im May – Einquartirung haben wir wegen der Durchmärsche fast täglich – mann wird aber alles gewohnt – und macht sich nicht mehr draus. Grüße meine Liebe Tochter hertzlich, und dancke Ihr nochmahls vor das Vergnügen das Sie mir und meinen Freunden gewährt hat – auch den Lieben Augst grüße auf freundlichste – Lebe wohl! Behaltet lieb

Eure Euch sambt u sonders liebende
Mutter und Großmutter Goethe

Ein besonderes Verhältnis entwickelte sich in den letzten Lebensjahren der Frau Rat zu Bettine Brentano (spätere von Arnim, 1785-1859), die sie schon als Kind kannte. Die junge Bettine besuchte sie oft und ließ sie von Goethes Kindheit und Jugend erzählen. Goethe nutzte später die Informationen für seine Autobiographie ›Dichtung und Wahrheit‹.

An Bettine Brentano.
Den 19ten May 1807

Gute – Liebe – Beste Betina!
Was soll ich dir sagen? wie dir dancken? vor das große Vergnügen das du mir gemacht hast! Dein Geschenck ist schön – ist vortreflich – aber deine Liebe – dein Andencken geht über alles und macht mich glücklicher als es der Tode-bustaben aus drücken kan. O! Erfreue mein Hertz – Sinn – und Gemüthe und komme bald wieder zu mir. Du bist beßer – Lieber – größer als die Menschen die um mich herum grabelen, den eigentlich Leben kan man ihr thun und laßen nicht nennen – da ist kein Fünckgen wo man nur ein Schwefelhöltzgen anzünden könte – sie spärren die Mäuler auf über jeden Gedancken der nicht im A.B.C. buch steht – Laßen wir das, und kommen zu etwas das uns schadloß hält. Meine Freude war groß da ich von meiner Schwieger Tochter hörte daß du in Weimar gewesen wärest – du hast viel vergnügen dort verbreitet – nur bedauerte man daß dein Aufenthalt so kurtz war. Nun es ist noch nicht aller Tage Abend – sagt ein altes Sprichwort. Was werden wir uns nicht alles zu sagen haben!!! Darum komme bald – und erfreue die, die biß der Vorhang fält ist und bleibt

deine wahre Freundin Elisabetha Goethe

An Bettine Brentano.
den 13ten Juni 1807

Liebe – Liebe Tochter!
Nenne mich ins künftige mit dem mir so theuren Nahmen Mutter – und du verdinst ihn so sehr, so gantz und gar – mein Sohn sey dein inniggeliebter Bruder – dein Freund – der dich gewiß liebt und Stoltz auf deine Freundschaft ist. Meine Schwieger Tochter hat mir geschrieben wie sehr du Ihm gefallen hast – und daß du meine Liebe Bettine bist muß du längst überzeugt seyn Auf deine Herkunft freue ich mich gar gar sehr, da wollen wir eins zusammen Schwatzen – denn das ist eigendtlich meine Rolle worinn ich Meister bin – aber Schreiben! so Tintenscheu ist nicht leicht jemand – darum verzeihe wenn ich nicht jeden deiner mir so theuren Briefe beantworte zumahl da ich weiß, daß Nachrichten von meinem Sohn dir das angenehmste und liebste sind und ich von seinem jetzigen Thun und wircken so wenig weiß – […]
– – – so weit ists vor dich – wenn du her kommst reden wir ein meheres – Etwas beßereres kan ich dir vordißmahl nicht zu kommen laßen – denn obiges ist gantz herrlich und was ich noch drauf hervor bringen mögte – wäre Wasser unter den vortreflichen Wein. Lebe wohl! Behalte lieb

deine dich hertzlich Liebende Mutter Goethe.

An Goethe.

Freytags d 15ten Jenner 1808

Lieber Sohn!

[...] Vielen Danck vor das Liebe, schöne Calenderlein – es hat mir große Freude gemacht – Bettine ist vor Freude außer sich über deinen Brief, Sie brachte mir ihn im Triumpf – auch über Herrn Riemers Verse – Weimar ist Ihr Himmel – und die Engel |:das gantze Hauß gehört dazu:| seyd Ihr!!! Betine sagte mir Freulein von Goechhaußen wäre gestorben ist das wahr? ich hatte nach einem langen Zwischenraum wieder einen Briefwechsel mit Ihr wegen gedörtem Obst auf einmahl war alles wieder still, das macht mich die Nachricht glauben. Meine Freude ist aber über allen Ausdruck, daß du diesen Winter so gesund und vergnügt bist – Gott! Erhalte dich ferner – und laße das Jahr 1808 ein Seegens jahr vor Uns alle seyn *Amen*. [...] Wenn du einmahl wieder her kommen solstest würdest du die Ausenseite deiner Vaterstadt nicht mehr kennen um die gantze Stadt vom Bockenheimer biß zum Allerheiligen Thor gibts einen Parck ein Bosket – freylich ist es noch im Werden denn in einem Jahr ist das gantze ohnmöglich zu beendigen – aber vom Vockenheimer biß zum Karlsthor ists schon gantz vortreflich – und ob deine Lands Leute promeniren? das glaube du und an einem schönen Sontag verprominiren sie alles sonstige Ungemag ihre Devise ist: Leichsinn und gutes Hertz. Nun habe ich einmahl wieder geschrieben daß es art und schick hat, und zwar in einer mir gantz ungewöhnlichen sonst *inco*moden Stunde das ist nach dem Essen, die Tage sind aber kurtz, und Morgens ist die Zeit vor meine Bekandten um mir die Cur zu machen – Der Brief ist doch noch nicht zu Ende, denn meiner Lieben Tochter muß ich dancken vor Ihren Lieben Brief – daß das Kleid Ihnen meine Liebe – Beste Wohlgefallen hat freut mich ungemein – der Tag an dem Sie es anziehen sey allzeit ein Wonne und Freudentag. Jetzt auch meinen schönsten Danck meinem Lieben Augst vor seyn Liebes Schreiben – ich wolte ich hätte das Schauspiel mit ansehn können – das war ein guter Gedancke von deinem Herrn Oheim und Brav von den Schauspielern – Wenn du her komst mußt du mir das alles recht deutlich erzählen. [...] Lebt wohl! und seid versichert daß ich ewig bin

Euer aller treue Mutter und Großmutter Goethe.

Bis zuletzt berichtete Frau Rat ihrem Sohn über die baulichen Veränderungen in seiner Heimatstadt. In Frankfurt waren die alten, mittelalterlichen Befestigungsanlagen geschleift worden. Es entstand eine ringförmige Grünanlage. Es ist der letzte Brief der Frau Rat an ihren Sohn.

An Goethe.
d 1ten Juli 1808

Lieber Sohn!
Deine Wercke sind den 29 ten Juni glücklich bey mir angelangt – Ich – Schlossers – Stocks dancken auf das hertzlichste davor – alle 8 Bände sind beym Buchbinder werden in halb Frantzband auf das schönste eingebunden wie sich das vor solche Meister wercke von selbst versteht. Dein Liebes Briefgen vom 22 ten Juni war mir wieder eine tröstliche – liebliche – herrliche Erscheinung – Gott! Seegne die Cur ferner – und laße das alte Übel völlig verschwinden – und an Lob und Danck soll es so lang ich athme nicht fehlen. Deinen Lieben – freundli-

chen Brief an Betinen habe Ihr noch nicht können zustellen Sie fährt wie ein Irwisch bald ins Reingau – bald anders woherum so bald Sie kommt soll Ihr dieses Glück werden. Herr Werner ist hir – Frau von Staell gebohrne Necker war hir. In dieser Jahres Zeit ist Franckfurth mit Frembten immer gepropft voll es ist wie eine Volcks Aus wanderung so gar von Norwegen kommen sie, und alle sind erstaunt über die Schönheit in Franckfurth besonders aber außer der Stadt – die alten Wälle sind abgetragen die alten Thore eingerißen um die gantze Stadt ein Parck man glaubt es sey Feerrey – man weiß gar nicht mehr wie es sonst aus gesehen hat – unsere alte Perücken hätten so was biß an Jüngsten Tag nicht zu wegen gebracht – bey dem kleinsten Sonnenblick sind die Menschen ohne Zahl vor den Thoren Christen – Juden – pele mele alles durcheinander in der schönsten Ordnung es ist der rührenste Anblick den man mit Augen sehen kan – und das ist und wird alles ohne Unkosten gemacht – die Plätze der alten Stadt Mauren – Wälle werden an hisige Bürger verkauft – da nimbt der eine viel der andre weniger jeder baut nach Hertzens Lust – einer macht einen Bleichgarten – der andre einen Garten u. s. d. das sieht den Schamant aus – und hirmit Basta! Laße mir den guten Augst mit Schreiben ungeplagt ich weiß wo Er wohnt – weiß Er ist gesund – Er macht Fußreißen, was soll ich denn noch mehr wißen – plage den jungen nicht mitschreiben – Er hat villeicht eine Ader von der Großmutter – Schreiben – Daumen Schrauben es ist bey mir einerley – heute habe ich 3 Briefe zu Schreiben!! Einen an Herren Vulvius, einen an dich – einen an meine Liebe Tochter nach Lauchstädt Lebe wohl! Grüße Herrn Riemer – und behalte lieb

deine treue Mutter Goethe

WAHRHEIT OHNE DICHTUNG: FRAU RAT ÜBER IHREN SOHN

Friedrich Maximilian Klinger (1752-1831) gehörte neben Jacob Michael Reinhold Lenz (1751-1792) und Heinrich Leopold Wagner (1747-1779) zum Dichterkreis um Goethe. Er stammte ebenfalls aus Frankfurt und sein Drama ›Sturm und Drang‹ gab der Epoche ihren Namen. Seit 1774 studierte er in Gießen.

An Friedrich Maximilian Klinger

[gegen Ende Mai 1776]

Der Doctor ist Vergnügt u. Wohl in seinem Weimar, hat gleich vor der Stadt einen herrlichen Garten welcher dem Hertzog gehört bezogen, Lenz hat den selbigen poetisch beschrieben, und mir zum Durchlesen zugeschickt. Der Poet sizt auch dort als wenn er angenagelt wäre, Weimar muß Vors Wiedergehn ein gefährlicher Ort seyn, alles bleibt dort, nun wenns dem Völklein wohl ist, so gesegnes ihnen Gott. – Nun lieber Freund leben Sie wohl, so wohl sichs in Gießen leben läßt. Ich meine immer das wäre vor Euch Dichter eine Kleinigkeit alle, auch die schlechtesten Orte zu Idealisiren, könnt ihr aus nichts etwas machen, so müßt es doch mit dem sey bey uns zugehen, wenn aus Gießen nicht eine Feen Stadt zu machen wäre. Darinen habe ich zum wenigsten eine große Stärcke, Jammer Schade! daß ich keine Dramata schreibe, da sollte die Welt ihren blauen Wunder sehn, aber in Prosa müßte es seyn, von Versen bin ich keine Liebhaberin, das hat freylich seine Ursachen, der poetische Kannengießer hatte den nemlichen Haß gegen die Lateinische Sprache. Grüßen Sie Schleierm. von uns u. sagen Ihm, er würde künftige Messe Ihnen doch nicht allein hirher Reißen laßen, u. dann versteht sich das andre von selbst, daß wir Ihn u. Sie bey uns sehen, manch Stündchen vergnügt verschwazen, allerley schöne Geschichten erzählen u.s.w.

In ihrem Brief an Goethes Jugendfreund kommt sie auf die schwierige Anfangszeit Goethes in Weimar zu sprechen, wo durch Intrigen und absichtlich gestreute Gerüchte versucht worden war, Goethe als bürgerlichen Poeten und Heißsporn darzustellen, der den jungen Herzog Carl August zu wüstem Treiben verführe.

An Johann Bernhard Crespel
Franckfurth den 1ten Febr. 1777.

Lieber Sohn!

Auf der einen seite hat mir Ihr Brief große Freude und Wonne gemacht, denn alles was von Ihnen mein Bester kommt vergnügt mich. Aber um Gottes willen sagen Sie nur was das vor ein trauriger Thon ist, der Ihrem Brief das Ansehen vom Propheten Jeremia in seinen Klagliedern giebt. Auf das Regenspurg habe ich nun Zeit meines Lebens einen unversöhnlichen Haß, das muß ein garstiger Ort seyn wo mann unsern lieben Braven Crespel kräncken und seinen trefflichen Caracter verkennen kan. [...] Verdinste bleiben Verdinste, und werden von allen Rechtschaffenen Leuten gefühlt und hochgeschätzt, um der andern seidnen Buben ihren Beyfall oder Thadel braucht sich ein ehrlicher Kerl nicht zu bekümmern. Denckt durch was alles Euer Bruder der Doctor sich hat durchschlagen müssen was vor Gewäsch, gedräscht Lügen u.s.w. bloß weil die Leute nicht begreifen konnten, wie mann ohne von Adel zu seyn Verstandt haben könte. Fasset also Eure Seele in Geduldt, machtet daß Ihr Euer geschäffte bald in ordnung bringt, alsdann flieget zu uns. Mit aller Freundschafftlichen Wärme solt Ihr empfangen werden drauf verlaßt Euch. Wir kennen Euren inern Werth und was Ihr wiegt, und wir nicht allein sondern andre gute Menschen wissens auch, unter denen grüßt Euch besonders Jungfer Fahlmern, die Frau Residentin, und die Gerocks. Alle Samstag reden wir vom Bruder Crespel, und bedauren daß Ihr uns nicht lachen helft. [...] Lebt wohl! guter bester! seyd versichert, daß ich bin Eure wahre Freundin und Mutter

C.E. Goethe

An Philipp Seidel

den 2ten Jenner 1778

Eure Neujahrs Briefe waren uns sehr angenehm, Herr Wieland soll euch auch davor einen heiligencrist mitbringen. Wenn das Festein von der Regierenden Frau Herzogin vorbey ist so gebt uns auch Nachricht, wie alles zugegangen, denn eure Beschreibungen lesen wir sehr gern. Am 26ten December ist eine Schachtel an den Docter abgegangen; Er wird sie doch wohl erhalten haben? Hat der junge Herr Willmern die Manschetten überlieffert? Zuletzt vergeßt die Phisionokmik nicht.

Ich weiß noch gar zu gut wie ihr am runden Tisch den Götz v. B. abschriebet, und wie ihr das Lachen verbeißen woldet, da der junge Officier nichts bey der sache zu dancken fand. Ich freute mich damals schon über euch daß ihr das so alles fühlen kondet. Meine liebe und das Vertrauen zu euch hat nun immer zugenommen, weil ich mich nicht betrogen und ihr täglich Braver worden seyd. Fahrt fort ein guter Mensch zu seyn, das wird euch in Zeit und Ewigkeit wohlthun. Von mir und dem Herrn Rath könt ihr versichert sein, daß wir euch auch in diesem Jahr in gutem Andencken haben werden, und solches bestättige ich mit meiner Unterschrifft, als eure euch gewogne

C.E. Goethe

An Louise von Göchhausen

[Anfang Januar 1779]

Dein guter Wunsch auf grün papier
Hat mir gemacht sehr viel pläsir.
Im Verse machen habe nicht viel gethan
Das sieht mann diesen Warlich an
Doch Hab ich gebohren ein Knäbelein schön
Das thut das alles gar trefflich verstehn
Schreibt Puppenspiele kutterbunt
Tausend Allexandriner in einer Stund
Doch da derselbe zu dieser frist
Geheimdter Legations Rath in Weimar ist
So kan Er bey bewandten sachen
Keine Verse vor Frau Aja machen
Sonst solldest du wohl was bessers kriegen

jetzt mußt du dich hieran begnügen
Es mag also dabey verbleiben
Ich will meinen Danck in prosa schreiben.

Am 18. September 1779 hatte Goethe mit dem Herzog und dessen Gefolgschaft das Elternhaus besucht und Frau Rat gibt der Herzogin eine sehr lebendige Erzählung des Geschehens.

An die Herzogin Anna Amalia
Franckfurth d 24ten September 1779

Durchlauchdigste Fürstin.

Der 18te September war der große Tag da der alte Vater und Frau Aja, denen seeligen Göttern weder Ihre Wohnung im hohen Olymp, weder Ihr Ambrosia noch Nectar, weder Ihre Vocal noch Instrumentthal Mucick beneideten, sondern glücklich, so gantz glücklich waren, daß schwerlich ein sterblicher Mensch jemahls größre und reinere Freuden geschmeckt hat als wir beyde glückliche Eltern an diesem Jubel und Freuden Tag – Niemahl hat mich mein Unvermögen eine sache gut und anschaulich vor zutragen mehr belästig als jetzt da ich der Besten Fürstin |:von Der doch eigendtlich alle diese Freude ausgeht, die doch eigendlich die erste Ursach aller dieser Wonne ist:| so recht aus dem Hertzen heraus unsere Freude mittheilen mögte – Es gerade nun wie es wolle, gesagt muß es nun einmahl seyn.

Ihro Durchlaucht unser gnädigster und Bester Fürst, stiegen |:um uns recht zu überraschen:| eine strecke von unserm Hauße ab kamen also gantz ohne geräusch an die Thüre, klingelten, traten in die blaue Stube u.s.w. Nun stellen Sich Ihro

Durchlaucht vor, wie Frau Aja am runden Tisch sitzt, wie die Stubenthüre aufgeht, wie in dem Augenblick der Häschelhanß ihr um den Hals fält, wie der Herzog in einiger Entfernung der Mütterlichen Freude eine weile zusieht, wie Frau Aja endlich wie betruncken auf den besten Fürsten zuläuft halb greint halb lacht gar nicht weiß was sie thun soll wie der schöne Cammerherr von Wedel auch allen antheil an der erstaunlichen Freude nimbt – Endlich der Auftrit mit dem Vater, das läßt sich nun gar nicht beschreiben – mir war Angst er stürbe auf der stelle, noch an dem heutigen Tag, daß Ihro Durchlaucht schon eine zimmliche Weile von uns weg Sind, ist er noch nicht recht bey sich, und Frau Aja gehts nicht ein Haar beßer – Ihro Durchlaucht können Sich leicht vorstellen wie vergnügt und seelig wir diese 5 tage über geweßen sind. Merck kam auch und führte sich so zimmlich gut auf, den Mephisthoviles kan Er nun freylich niemahls gantz zu Hauß laßen, das ist mann nun schon so gewohnt. Wieder alle Gewohnheit waren dieses mahl gar keine Fürsten und Fürstinnen auf der Meße, das war nach Unsers Theuresten Herzogs Wunsch, Sie waren also gar nicht genirt – Am Sontag gingen Sie in ein großes Concert das im Rothen Hauß gehalten wurde, nachdem in die Adliche Geschellschafft ins so genandte Braunenfels, Montags und Dinstags gingen Sie in die Commedie, Mittwochs um 12 uhr Mittags ritten Sie in bestem wohlseyn der Bergstraße zu, Merck begleidtete Sie bis Eberstadt. Was sich nun alles mit dem schönen Cammerherrn von Wedel, mit dem Herrn Geheimdten Rath Goethe zu getragen hat, wie sich unsere Hochadliche Freulein gänßger brüsteten und Eroberungen machen wolten, wie es aber nicht zu stände kam u.d.m. das verdiente nun freylich hübsch dramatisirt zu werden. Theureste Fürstin! Sie verzeihen diesen kalten Brief der gegen die Sache sehr zu kurtz fält – es ist mir jetzt gantz ohnmöglich es beßer zu machen – ich bin den gantzen Tag vor Freude und Wonne wie betruncken, wen sichs etwas zu Boden gesetzt hat wird meine Vernunfft auch wieder zu Hauße kommen – biß dahin Bittet Frau Aja daß Ihro Durchlaucht Gedult mit ihr haben mögten. Uns ist jetzt nichts im Sinne, als die Freude des wieder Zurückkomens, da soll der jubel von neuem angehn. Gott bringe Sie glücklich und gesund zurück, dann soll dem alten Reihnwein in prächtigen Pocalen mächtig zugesprochen werden. Wüsten Ihro Durchlaucht wie oft wir mit Freudenthränen an Ihnen dachten, von Ihnen redeten, wie Frau Aja den Tag seegnete da die Beste Fürstin Ihrem glücklichen Land einen Carl August gebohren hat, Der wie es nun am Tage ist, nicht Seinem Land allein zum Heil gebohren worden, sondern auch dazu um auf unsere Tage Wonne Leben und seeligkeit zu verbreiten – Wie dann ferner Frau Aja sich nicht mehr halten konte, sondern in ein Eckelgen ging und ihrem Hertzen Luft machen mußte; so weiß ich gantz gewiß die Beste Fürstin hätte Sich unserer Freuden gefreut – dann das war kein Mondschein im Kasten, sondern wahres Hertzens gefühl. Dieses wäre nun so ein kleiner abriß von denen Tagen wie sie Gott |: mit dem seeligen Werther zu reden: | seinen Heiligen aufspart, mann kan hernach immer wieder was auf den Rücken nehmen und durch diese Werckeltag Welt durchtraben und sein Tagewerck mit Freuden thun, wenn einem solche erquickungs stunden zu theil worden sind. Nun Durchlauchdigste Fürstin! Behalten Sie uns in gnädigstem Angedencken – der Vater empfiehlt sich gantz besonders – und Frau Aja Lebt und stirbt als

Ihro Durchlaucht

unterthänigste treugehorsambste Dienerin C.E. *Goethe*

Dies ist der erste erhaltene Brief der Frau Rat an ihren Sohn. Die frühere Korrespondenz hat Goethe im Jahr 1779 in Weimar vernichtet, als er zu Hause aufräumte und »alle alten Schalen« verbrannte.

An Goethe
den 23ten Mertz 1780

Lieber Sohn!
Diesen Augenblick bringt mir Herr Paulsen zwey Briefe, die mich so in einen Freuden und Jubelthon gestimt haben, daß es gar nicht ausgesprochen werden kan. Unser Bester Fürst! hat mich mit einem gantz herrlichen schreiben begnadig, und unsere Theureste Fürstin Amalia that des gleichen. O thue mir die einzige liebe und dancke unterthänigst auch vor diese der Frau Aja gemachte Freude. Wenn es aber auch kein Weimar und keine solche herrliche Menschen drinne gäbe – ferner keinen Häschelhanß – So würde ich Catholisch und machts wie Mahler Müller. Da uns aber Gott so begnadig hat, so freuen wir uns auch dieses Erdeleben |:nach unserer Fason und wie wirs eben haben können:| sehen den 3ten Feyertag den Julius von Tarendt u.s.w. In deinem Garten muß es jetzt wieder schön seyn, wiewohl heut bey uns noch garstig kalt wetter im Schwang geht. Der Vater und alle Auserwählte grüßen dich – Der Postwagen will fort, lebe wohl! Ich bin ewig

deine treue Mutter Aja

N.S. Viele hertzliche grüße an Wieland – Seinen Oberon erwarte ich und mehr gute Seelen mit Schmertzen.

Neben Geschenken erhielt Frau Rat auch Neuigkeiten aus Weimar von der Herzogin Anna Amalia höchstpersönlich. Diesmal hatte sie den Weimarer Kammermusikus Johann Friedrich Kranz (1754-1807) nach Frankfurt geschickt, damit er Goethes Eltern »etwas vorgeigen« könne. Erwähnt werden auch Goethes Stücke das ›Jahrmarktsfest zu Plundersweilern‹ und ›Iphigenie auf Tauris‹, die 1778 und 1779 auf dem Ettersberg bei Weimar aufgeführt worden waren – letzteres mit Corona Schröter (1751-1802) als Iphigenie und Goethe als Orest.

An die Herzogin Anna Amalia

Franckfurth d 15ten December 1780

Durchlauchdigste Fürstin!

Die unvermuthtete Erscheinung des Herrn Krantzens, hat uns sehr gefreut – Seine Reiße wird gewiß von großem Nutzen seyn – [...]. Dero hohen Befehl zu folge habe ich Ihn gütig aufgenommen, und am Rundentisch meine Protection Ihm angedeihen laßen. Wir waren recht vergnügt zusammen, und trancken in uhralten Reihnwein auf das Wohlseyn des Hochfürstlichen Haußes Weimar und Eissenach die Gläßer wacker lehr. Der alte Vater wurde so gar von Freude belebt, druckte Krantzen einmahl über das andre die Hände, weinte aber bey seinem Abschied die bittersten Thränen – Ich habe den Mann in langer Zeit nicht so gerührt gesehn. Daß Schlosser und sein Weib wieder hir sind, werden Ihro Durchlaucht wohl gehört haben, kaum waren sie 10 Tage fort, so starb die alte, und sie musten die herreiße wieder antretten. Mit dem sehen der Iphigenie, des Jahrmarckts und den übrigen schönen sachen des Herren Häschelhanßens, wirds wohl noch Zeit haben: Frau Aja muß noch im glauben leben, das schauen muß sie mit Gedult erwarten. Von dem berühmten Herrn Generahl Supprindtenten Herder habe ich zwey Predigten gelesen, auf die Geburth und Taufhandlung der Printzseß von Weimar – Wan ich Sontags immer so was hören könte, würde mein Kirchengehen auch in beßerer Ordnung seyn, als leyder jetzt, da des Herrn Pfarrers Starcks seine Gemeinplätze, und Wieder-geburthen mein warmes Bett in keine Wege ersetzen. [...] Klinger hat aus Petersburg an Schlossern geschrieben, daß er glücklich angelangt, und bald sein Glück zu machen gedächte – Lentz lebt noch, ist noch närrisch – ist Hoffmeister geworden, wo, habe ich vergeßen. Da Ihro Durchlaucht diese zwey Menschen kennen; so wolte doch von ihrem thun und laßen etwas berichten. Theureste Fürstin! Haben Sie die Gnade, und behalten Frau Aja immer in Dero gnädigstem Andencken. Ich lebe und sterbe

Durchlauchdigste Fürstin, Dero,

Unterthänigste treugehorsambste Dienerin Goethe

Über das häusliche Leben der Frau Rat informiert ein Brief an Goethes Freunde aus Wetzlarer Tagen. Charlotte Kestner, geb. Buff, (1753-1828) Goethes »Lotte«, und ihr Mann, der Hofrat Johann Christian Kestner (1741-1800), lebten mittlerweile in Hannover.

An Johann Christian und Charlotte Kestner
Frankfurth d 23ten Octobr 1788

Lieber Herr Gevatter!
Vortrefliche Frau Gevatterin!

Kein Kaufmann kan über einen starcken Wechsel der ihm presendtirt wird – und der den grund seiner Caße erschüttert mehr erschrecken – als ich über Dero zweyten Brief. Erlauben Sie mir, daß ich meine Rechtvertigung Ihnen vorlegen darf – und ich erwarte von Ihrer Gerechttigkeit Liebe – meine völlige loßsprechung. Bey empfang Ihres mir so erfreulichen Schreibens von 17ten September war ich kranck – mein Kopf war mir dumm und Mein Mund voller plassen – meine Zunge wie durchlöchert – welches alles große Schmertzen verursachte und mich zum Schreiben gantz unfähig machte. Noch in dieser fatalen periode kam Schlosser von Carlsruhe mit Weib und Kinder mich, die sie in 6 Jahren nicht gesehn hatten zu besuchen – Logirten in meinem Hauß – Sie meine Theuresten! Können Sich die Unruhe, das Visitten Leben leicht dencken – Ich noch halb kranck mußte alles mitbetreiben – da war nicht eine Minute Zeit an etwas zu gedencken – als Besuche – Gasterreyen u. s. w. Kaum waren sie fort, so hatten wir die Weinleße – die denn auch Zeit wegnahm – Summa Summarum 10 gantze Wochen lebte ich in einem beständigen wirr warr – und mußte meinen Danck vor Dero gütiges Zutrauen freylich wieder meinen willen aufschieben – Finden Sie dieße Gründe nun hinreichend; so laßen Sie mich ein wort des Friedens hören – das wird mir wohlthun, und mein Hertz erfreuen. Wie sehr es mich gefreut hat pattin von Lottens und Ihrer Tochter zu seyn können Sie kaum glauben – Gott erhalte Ihnen dieselbe – zur Ihrer Freude! nun etwas Herrn Hans Buf betrefend – wie Ihre liebe Frau hir war – so machte ich Ihr ein Geschenck von Den 4 ersten Theilen von Goethens Schrieften – eininge Zeit hernach schrieben Sie mir – daß Sie solche von meinem Sohn auch empfangen hätten – ich solte also sagen |: weil Sie keine doppelte Exemplare haben wolten :| an wen Sie solche geben solten. Ich decitirte vor Herr Hans Buf – da ich Ihm nun den 5ten theil vor einiger Zeit einhändigte – so sagte Er mir, daß Er die 4 ersten theile noch nicht hätte – und bate mich Ihnen zu erinnern Ihm solche zuzuschicken. Mein Sohn ist nun wieder aus Italien zurück, und befindet sich vergnügt und wohl. Die Frau Bethmann hat gestern an Ihnen geschrieben – Sie war auch kranck. Leben Sie wohl! Grüßen und küßen vor allen meinen Lieben Eduart – von derjenigen die unverändert ist

Meines Lieben Herrn Gevatters u Frau Gevatterin
treue wahre Freundin Elisabetha. Goethe

Frau Rat hatte von Goethe bereits im Herbst 1784 die ersten Bücher von ›Wilhelm Meisters theatralischer Sendung‹ zugeschickt bekommen, doch es dauerte noch gut 10 Jahre, ehe sie das fertige Buch in Händen hielt, das sie auch an die Zeit erinnerte, die sie mit den Kindern im Haus im Großen Hirschgraben verbracht hatte. Die autobiographischen Hinweise in Goethes Roman wusste sie zu entschlüsseln.

An Goethe
den 19ten Jenner 1795.

Lieber Sohn!
Den besten und schönsten Danck vor deinen Willhelm! Das war einmahl wieder vor mich ein Gaudium! Ich fühlte mich 30 Jahre jünger – sahe dich und die andern Knaben 3 Treppen hoch die preparato[r]ien zum Puppenspiel machen – sahe wie die Elise Bethmann brügel vom ältesten Mors kriegte u.d.m. Könte ich dir meine Empfindungen so klahr darstellen – die ich empfand – du würdest froh und frölig seyn – deiner Mutter so einen vergnügten Tag gemacht zu haben – Auch die Romantzen die Reichart zum Glück vor mich in den Clavier sch[l]üßel gesetzt hat machten mir große Freude besonders was hör ich draußen vor dem Thor – was auf der Brücke schallen? die wird den gantzen Tag gesungen – also noch einmahl vielen Danck.

Freund Stock war über deine Güte und Höfflichkeit sehr gerührt auch in seinem Nahmen dancke ich – Schlossern habe sein Exemplar so gleich überschickt – dem wird es auch wohlgethan haben, nun noch etwas vom äußern – was ist das vor herrlich Papier was vor vortrefliche Lettern!! das ließt sich mit Lust – Tausendt Danck daß du das herrliche Werck nicht mit Lateinischen Lettern hast drucken laßen – ich habe dir es schon einmahl geschrieben daß ichs nicht ausstehn kan. Jetzt von meinem Thun und laßen nur so viel, daß ich Gott Lob bey der entsetzlichen Kälte auser einem Cathar mich wohlbefinde – daß ich meinen Oberauditor nebst Ehegemahlin noch zur Einquartirung habe, daß es vor jetzt hir gantz ruhig ist |: versteht sich wegen der Frantzosen: | denn sonst ist Lerm und Romur genug bey uns – die gantze Armme wird von hiraus versorgt 500 Wagen gehen beständig hin und her – mann weiß weder obs Sonn oder Werckeltag ist – Wenn nicht Friede wird, so fürchtet mann sehr aufs Frühjahr – Ich habe mich Gott sey Danck noch nie gefürchtet – und jetzt mag ich nicht anfangen – müßens abwarten – nehmen einstweilen die guten Tage mit – und grämen uns nicht vor der Zeit – Ein einziger Augenblick kan alles umgestalten. Schlosser lebt jetzt in Anspach – Ihm gefälts wohl – aber die Schlossern der ist ihr Mährgen in Brunen gefallen – alles war drauf angelegt in Düsseldorf den Frieden abzuwarten – nun sind die Jacobis selbst nach Wansbeck emigrirt. Noch eins! die Fortsetzung vom Willhelm wird doch nicht lange ausenbleiben – denn ich habe ihn noch nicht binden laßen – laße einem nicht so lange auf die Forsetzung harren – denn ich bin gar begirig drauf. Lebe wohl! Küße den kleinen Augst – auch deinen Bettschatz von deiner

treuen Mutter Goethe

Goethes Roman ›Wilhelm Meisters Lehrjahre‹ erschien in mehreren Teilen, im 6. Buch wird der Jugendfreundin Susanna von Klettenberg gedacht, was die Frau Rat und die Frankfurter Freunde sehr freute.

An Goethe.
den 1ten October 1796

Lieber Sohn!
Das ist das erstemahl daß ein Brief von hiraus nach Weimar ist verlohren gegangen – schon am 17ten September schickte dir einen zimmlich langen Brief – worinn der Abzug der Frantzosen – der Einmarsch der Kayerlichen – meine Empfindungen darüber – daß gute Croneburger Castanien durch Freund Gerning besorgt würden – ferner daß der dermahlige Christenkram bald abreißen würde – daß der mir zugeschickte Herr Doctor bey mir geweßen – und mehrre Dinge die ich jetzt wieder vergaßen habe. [...] Es fängt jetzo hir Gott lob und danck! wieder an etwas Lebendig zu werden – eins nach dem andern komt wieder – Gellert hat recht: schilt nicht den Unbestandt der Güter u.s.w. Der erste Zappenstreich von unsern Franckfurthern drang mir lieblicher ins Ohr – als die schönste Oper von Morzard – und da der Thürmer zum erstenmahl seine Zincken und Posauen erthönen ließ und – meine Hoffnung stehet feste auf den Lebendigen Gott: zu uns herrunter thönte sange ich unter hellen freuden Thränen mit. [...] Auf den 4ten Band des Romans freue ich mich hertzlich. Kanst du glauben daß die alte Räthin Moritz und der Pfarrer Claus den 3ten theil vom Willhelm geleßen – die Klettenbergern gleich erkandt – und sich hertzlich drüber gefreut haben. Lebe wohl! Empfehle mich doch auch einmahl wieder deinen Durchlauchten zu Gnaden – auch Freulein Thusnelde – ferner Gevatter Wieland –

Kraußе – Herder und seinem Weibe – Wir haben doch manche frohe Stunde miteinander gehabt – und Leben Gott Lob noch alle – da muß mann doch nicht thun, als ob das Schattenreich einem schon aufgenomen hätte – Zuweilen so einen freundlichen Blick so ein Kopfnücken oder der gleichen – thut einem auf seiner Wanderschaft sehr wohl. [...] Nocheinmahl Lebe wohl! Grüße alles in deinen Hauße von

deiner treuen Mutter Goethe

Im Oktober 1797 war im ›Taschenbuch für 1798‹ bei Vieweg in Berlin Goethes Versepos ›Hermann und Dorothea‹ im Erstdruck erschienen. Dieses Epos in neun Gesängen zählte im 19. Jahrhundert zu Goethes populärsten Werken und entwickelte sich zum Kultbuch des deutschen Bürgertums. Auch in Frankfurt wurde es begeistert aufgenommen.

An Goethe.
Den 4ten December 1797

Lieber Sohn!
Das erste ist, daß ich dir dancke daß du diesen Sommer etliche Wochen mir geschenckt hast – wo ich mich an deinem Umgang so herrlich geweidet – und an deinem so auserordentlichen guten an und Aussehen ergötzt habe! Ferner daß du mich deine Lieben hast kennen lernen worüber ich auch sehr vergnügt war, Gott erhalte Euch alle eben so wie bißher – und Ihm soll dafor Lob und Danck gebracht werden Amen. Daß du auf der Rückreiße mich nicht wieder besucht hast that mir in einem Betracht leid – daß ich dich aber lieber den Frühling oder Sommer bey mir habe ist auch wahr – denn bey jemand anders als bey mir

zu wohnen – das ertrüg ich nicht – und bey schöner Jahres Zeit ist auch Raum genung vorhanden – mit entzücken erinnre ich mich wie wir so hübsch nahe beysammen waren – und unser Weßen so miteinander hatten – wenn du also wieder kommst wollen wirs eben wieder so treiben nicht wahr? Deine zurück gebliebene Sachen würden schon ihren Rückmarsch angetretten haben, wenn ich nicht die Gelegenheit hätte benutzen wollen – ein Christkindlein zu gleich mitzuschicken – packe also den Kasten alleine aus damit weder Freundin noch Kind vor der Zeit nichts zu sehen bekommen den Confect schicke wie nathürlich erst in der Christwoche nach. [...] Was Herrman und Dorothea hir vor große Wirckung verursacht hat – davon habe schon etwas an meine Liebe Tochter geschrieben – Hufnagel ist so gantz davon belebt daß Er bey Copulationen und wo es nur möglich ist gebrauch davon macht – zur Probe dienet innliegendes – Er behauptet so hättest du noch gar nichts geschrieben. Vor die vortreflichen Taschenbücher dancke hertzlich – in und auswendig sind sie zum küßen – Hufnagel hält alle die es nicht haben oder es nicht als ein Handbuch im Sack beysich tragen – vor Hottentoten – die Elisa Bethmann mußte in seiner Gegenwart sogleich eins von den theuresten Exemplaren kaufen u.s.w. Vor den Frieden sey Gott Tausendmahl gedanckt! Wenn das wieder loßgegangen wäre – was wäre aus unserer guten Stadt geworden!!! Jetzt prepariren wir uns auf das Friedens fest – unser vortreflicher Theater Mahler mahlt Decorationen dazu – der Singsang ist auch fertig – Paucken und Trompeten sind auch bey der Hand – das wird ein Jubel werden – an der Hauptwache wird er ausposaunt! alle meine Freunde wollen aus meinen Fenstern den Jubel mit ansehn auf so viele Angst verdient mann doch wieder einmahl einen fröhligen Tag zu haben. Seit dem du weg bist hat unser geschickter

Mahler 3 neue Decorationen gemacht – ein sehr schönes Zimmer – eine Stube vor arme Leuthe die gantz vortreflich ist – und einen Garten der zum erstenmahl im Don Juan sich presentirt hat – alles mit großem Ablaudisement. Ich schicke dir auch alle Comedien Zettel mit, über die eingeführten kleinen wirst du lachen – solte mann glauben daß das eine Ersparnüß jährlich von 700f ist! [...] Lebe wohl! Behalte mich in gutem Andencken – Grüße deine Lieben von

deiner treuen Mutter Goethe.

An Goethe.
den 7ten Februar 1801

Lieber Sohn!
Dein wieder besserbefinden so gar ein Brief von deiner eigenen Hand, hat mich so glücklich so schreibeselig gemacht, daß ich dir mit umlaufender Post antworte. Der 6te Februar da ich deinen mir so theuren Brief erhilt, war ein Jubel, ein Beth und Danckfest vor mich! ohnmöglich konte ich diese große Freude vor mich behalten, Abens war ich bey Syndicus Schlossern theilte meine Freude mit – und erhilt von allen die hertzlichsten Glückwünsche, auch zeigte mir Schlossern einen sehr guten Brief von dem Braven Seidel – die Stockin hatte auch deßgleichen von Demoiselle Kapspars – wir waren den gantzen Abend froh und frölig und alle alle laßen dich hertzlich grüßen. Unsere gantze Stadt war über deine Kranckheit in alarm – so wie deine Beßerung in den Zeitungen verkündigt wurde – regnete es Zeitungen in meine Stube – jedes wolte der erste sein, mir die frohe Nachricht zu hinterbringen – Herr und Frau

Schöff von Wiesenhüten waren die ersten – gleich nach Tische kam Herr von Fleischbein – dann Tante Melbert u.s.w. Was ich gethan habe weiß niemand als – Gott! Vermuthlich ist dir aus dem Sinne gekommen was du bey deiner Ankunft in Straßburg – da deine Gesundheit noch schwanckend war in dem Büchlein das dir der Rath Moritz als Andencken mitgab, den ersten Tag deines dortseyn drinnen aufschlugs – du schriebst mirs und du warst wundersam bewegt – ich weiß es noch wie heute! Mache den Raum deiner Hütten weit, und breite aus die Teppige deiner Wohnung, spahre sein nicht – *dehne deine Seile lang und stecke deine Nägel fest,* denn du wirst aus brechen, zur rechten und zur lincken. Jesaia – 54.v.3.4.
Gelobet sey Gott!!! der die Nägel den 12ten Jenner 1801 wieder fest gesteckt – und die Seile aufs neue weit gedehnt hat. Nochmahls hertzlichen Danck, vor deinen Lieben Brief – thue mir die Liebe, und laße von Zeit zu Zeit mir Nachricht geben wie es um dich steht – Grüße meine Liebe Tochter – den Lieben Augst und Gott stärcke dich ferner an Seele und Leib dieses ist mein täglicher Wunsch und das Gebeth

deiner treuen – frohen – Mutter Goethe

An Goethe.

[9. Juli 1807]

Eine Rezention aus den Theoloigen Annalen über die Bekentnüße einer schönen Seele im 3ten Band von Göthens Wercken.

Dieses in das Fach der religiösen Schrieften einschlagende Kunstwerck, ein mit Liebe gearbeitetes Meisterstück unsers größten Dichers, der Klarheit mit Tiefe, Einfalt mit Erhabenheit wunderbahr verbindet, – wird zugleich mit Iphigenie von Tauris und mit den Leiden des Jungen Werthers, in den Tempel der Unsterblichkeit eingehn. Villeicht ist es nicht allgemein bekandt, daß der Verfaßer mit diesen Bekentnüßen einer schon seit länger als 30 Jahren zu Franckfurth am Main entschlafenen Freundin seiner noch lebenden Frau Mutter, einer Freulein von Klettenberg, die Er wie eine Mutter verehrte, und die Ihn wie einen Sohn liebte, ein beyder Theile würdiges *Unvergängliches* Denckmahl gesetzt hat.

Je öffter man diese geistreiche Bekentnüße liest, um somehr bewundert man sie, und der Verfasser dieser kurtzen Anzeige wird sich, so lange ein Odem in ihm ist, jedes der hohen Achtung, die einem solchem mit Gottes finger als einzig bezeichnetem Geiste gebührt, zu nahe tretenden Urtheils über andere Theile seiner Schriften enthalten, welche villeicht eines solchen Geistes nicht gantz würdig gefunden werden mögen.

Auf der andern seite steht meine Rezention.

Psalm 1 – Vers 3 – auch seine Blätter verwelcken nicht. Das ist der Lieben Klettenbergern wohl nicht im Traume eingefallen – daß nach so langer Zeit Ihr Andencken noch grünen – blühen und Seegen den nachkommenden Geschlechtern b[r]ingen würde. Du mein Lieber Sohn! warst von der Vorsehung bestimt – zur Erhaltung und Verbreitung dieser unverwelcklichen Blätter – Gottes Seegen und Tausend Danck davor! und da aus dieser Geschichte deutlich erhelt – daß kein gutes Saamen korn verlohren geht – sondern seine Frucht bringt zu seiner Zeit; so laßt uns gutes thun – und nicht müde werden – den die Ernte wird mit vollen Scheuern belohnen.

Der letzte erhaltene Brief der Frau Rat geht nach Winkel im Rheingau, wo sich Bettine gerade aufhielt. Sie feiert darin, gemeinsam mit Bettine, den Geburtstag ihres Sohnes. Zwei Wochen nach diesem Brief starb Catharina Elisabeth Goethe am 13. September 1808.

An Bettine Brentano.
Frankfurt am acht and zwanzigsten August 1808.

Liebstes Vermächtnüß meiner Seele
Das ist einmal ein gar erfreulicher Tag für Uns, denn es ist unseres lieben meines liebsten Sohnes, und deines Bruders Geburtstag ich weiß zwar gar wohl daß du es gar nicht leiden kanst daß ich dir als Bruder schenk aber warum? – ist er dir zu alt? – da sey Gott vor, denn ein so kostbarer Stoff wie in diesem seinem Leib und Seele verwirkt ist der bleibt ewig neu, und ja sogar seine Asche soll einst vor andern das beste Salz haben an die eine Mutter absonderlich am Gebunztag zu denken Bedenken Tragen möcht, aber wir zwei sind nicht Abergläubig, und für seine Unsterblichkeit schon dergleichen Ängstlichkeit überhoben. Ich vorab hab gewonnen Spiel denn in diesem Jahr zähl ich 76 jahr und hab also den Becher der Mutterfreude bis auf den letzten Tropfen gelehrt; mir kann nicht unklücks-Schicksal aufgeladen mehr werden. – Doch ich muß dir zutrinken, denn mein Lieschen hat mir alleweil den besten Wein heraufgebracht und eine Boutelle Wasser, denn du weißt daß ich ein Wassernympf bin; und zwey Pfyrsich sind daneben, der ein für dich, der ander für mich, ich werd sie beid verzehren in deinen Nahmen, – und jezt stoß ich mit dir an. *Er soll Leben*! Dann wollen wir weiter sprechen. Du wirst doch auch wohl heunt an irgend einem plaisirlichen Ort seine Gesundheit Trinken. – Jetzt sag ich dirs, es hat geschmeckt – ja es ist recht ein-

sam in deiner und meiner Vatterstadt! – das hab ich mir heunt überlegt beim Aufwachen; die Sonn hat geschienen aus allen Kräften, und hat mir bald zu heiß eingefeuert, aber sonst auch nichts hat geschienen; Heunt Morgen kommen ein paar – keiner denkt daran daß ich Mutter bin Heunt. – Nun! – dacht ich, was ist das vor ein ärgerlich geschicht daß meine Bettine nicht da ist – denn die hätt mir gewiß den schönsten Strauß heunt gebracht, – so ein recht herrlicher Strauß wie im vorigen Jahr da warst du noch nicht 3 Wochen mein Täglich Brod, und warst doch schon meine beste Bekanntschaft von allen die ich aufzählen kann. – Den Federkiel in die Hand nehmen und mühsam zackern, das ist nicht meine Sach da ich lieber im vollen Waitzen schneiden mag und lieber erzehl als schreib; aber für den heutigen Tag und diese Empfindung in meiner Brust ist Kraut gewachsen dem muß einmal mit einem verdienstlichen Schweiß sein Recht gethan werden. Die Plapper Elstern die Stadtmadamen was verstehen die von unsern goldnen Stunden die wir mit einander verplaudern, die sollen daran kein Theil haben, aber du sollst und must dein Theil genießen sonst könnt mirs Herz bersten, jetzt hab ich schon in der Früh wie meine Stube ganz vom Morgenroth durchschienen war an dich gedacht und da ist die Lieschen an mein Bett gekommen die hat gesagt wie Schad es ist daß du in der Ferne bist an so einem schönem Tag; ich hab ihr aber Bescheid gesagt daß einerlei ist wo du bist wirst du deiner Freundin deiner Mutter die dich gern zu ihrem Sohn zehlt und schon daran gewohnt ist schrift[l]üch wie mündlich es dir zu repetiren an die wirst du denken heut und mit ihr Gott danken daß der sie so gnädig bis ans End in ihrem Antheil an den Himmlischen Freuden einer Mutter geschützt hat. – was kann ich dir noch hinzufügen? daß ich Gott auch für dich dank als meine Beste Freud hier auf Erden in der mir alles genossene aufs neue lebendig geworden ist; das ist, Erstens – und dann zweitens hab ich dich in mein Herz geschlossen; apart, weil du nicht zum Narrenhaufen gehörst und hast dich zu mir retirirt als weil ich allein einen rechten Verstand von dir hab denn du gehörst zu der Art die mir Seel und Blutsverwandt ist; – die wird aber nicht so leicht gefunden und auch nicht gekannt, so nehme doch meinen Dank daß du deinem Wegweißer der Gott ist gehorsam warst, und hast dich nicht gewehrt bei einer alten Frau, so jung wie du auch bist dein Lager aufzuschlagen; – und erkenne in diesen schwachen Zeilen mein zu volles Herz, das mit Sehnsucht deiner baldigen Ankunft entgegen schlägt. Ich kann nichts mehr hervorbringen und verspare alles auf eine baldige köstliche mündliche Unterhaltung. Behalt Lieb deine dich ewig liebende Mutter

Goethe

BRIEFE AN KINDER

Goethe hatte für Friedrich (»Fritz«) von Stein (1772-1844), den Sohn von Charlotte von Stein, die Erziehung übernommen und stellte auch den Kontakt zu seiner Mutter her. Im August 1785 schickte er ihn wie einen eigenen Sohn zu Frau Rat nach Frankfurt, die »nicht so ernsthaft ist wie ich«.

An Friedrich von Stein

Frankfurt, den 9. Jenner 1784.

Lieber Sohn!

Vielen Dank vor Ihren lieben Brief, er hat mir große Freude gemacht, – es geht Ihnen also recht gut bei meinem Sohne, – o, das kann ich mir gar wohl vorstellen. Goethe war von jeher ein Freund von braven jungen Leuten und es vergnügt mich ungemein, daß Sie sein Umgang glücklich macht. Aber je lieber Sie ihn haben, und also gewiß ihn nicht gern entbehren, je zuverläßiger werden Sie mir glauben, wenn ich Ihnen sage, daß die Abwesenheit von ihm mir ofte trübe Stunden macht. Sie, mein kleiner Freund, könnten nun da ein großes gutes Werk thun, – zumahl da Sie mich lieb haben, so wird es Ihnen gewiß nicht sauer ankommen, hören Sie, lieber Freund, meinen Vorschlag, – da Sie beständig um meinen Sohn sind, also mehr von ihm wissen, als Jeder andere, wie wäre es, wenn Sie so ein kleines Tagebuch hielten, und schickten es mir alle Monath, –

viele Arbeit soll das Ihnen gerade nicht machen, nur ohngefähr auf diese Weise; »Gestern war Goethe im Schauspiel, Abends zu Gaste, – Heut hatten wir Gesellschaft«, u.s.w. Auf diese Weise lebte ich gleichsam mitten unter Euch, – freute mich eurer Freuden, – und die Abwesenheit verlöre viel von ihrer Unbehaglichkeit, – eine kleine Zeile Morgens oder Abends geschrieben, – macht Ihnen wenig Mühe, mir aber würde es unbeschreiblich wohl thun, – überlegen Sie die Sache einmahl, ich glaube, es geht.
Wenn mein Sohn einmahl nach Frankfurt kommt, müssen Sie mitkommen, an Vergnügen soll es dann nicht fehlen, wenigstens wollte ich Alles zur Freude stimmen. Nun, das kann ja wohl einmahl geschehn, – Inzwischen behalten Sie mich lieb, ich verspreche Ihnen desgleichen, Grüßen Sie meinen Sohn, und seyn versichert, daß ich ewig bin

Ihre wahre Freundin und treue Mutter Elisabeth Goethe

Die folgenden Briefe an die Schlosser'schen Enkel Louise (aus erster Ehe mit Cornelia, 1774-1811), Henriette (1781-1850) und Eduard (1784-1807), beide aus Schlossers zweiter Ehe, mit Johanna (geb. Fahlmer, 1744-1821), sowie Goethes Sohn August zeigen die jugendliche Frische der Frau Rat und wie gut sie mit Kindern umgehen konnte.

An die Schlosser'schen Kinder

Den 13ten Jenner 1786.

Liebe Enckeleins!

Es freut mich, daß Euch mein Christgeschenck Vergnügen gemacht hat – ich höre aber auch das gantze Jahr von Eurer lieben Mutter, daß ihr geschickte und gute Mädels seyd – bleibt so – ja werdet alle Tage noch besser, so wie ihr größer werdet – Folgt euren lieben Eltern, die es gewiß gut mit euch meinen; so macht ihr uns allen Freude – und das ist denn gar hübsch, wenn vor alle Mühe die eure Erziehung kostet – eure Eltern, Groß Mutter und übrigen Freunde – Freude an euch haben – Auf den Strickbeutel freue ich mich was rechts, den nehme ich dann in alle Gesellschaften mit, und erzähle von der Geschicklichkeit und dem Fleiß meiner Louise! Ihr müßt den Bruder Eduard jetzt hübsch laufen lernen – damit wenn das Frühjahr kommt, er mit euch im Garten herumspringen kann – das wird ein Spaß werden. Wenn ich bei euch wäre, lernte ich euch allerlei Spiele, als Vögel verkaufen – Tuchdiebes – Potz schimper potz schemper und noch viele andre – aber die G** müßten das alles ja auch kennen – es ist vor Kinder gar lustig, und ihr wißt ja, daß die Großmutter gern lustig ist und gerne lustig macht. Nun Gott erhalte euch in diesem Jahre gesund, vergnügt und munter, das wird von Hertzen freuen

Eure treue euch liebende Großmutter Goethe

An Henriette Schlosser
den 8. Januar 1792

Liebe Henriette!
Also hat dir dein Christkindlein Freude gemacht? Ei, da ist ja mein Wunsch erfüllt – glaube mir, wenn die Sachen auf dem Postwagen sind – das ich immer in Gedancken mit reiße – und wenn ich ahnde daß die Stunde der Bescherung erscheint; so bin ich im Geiste bey Euch, und freue mich Eurer Freuden. Ich

mögte wohl mit dir und Eduard Häußer bauen, so ein Spiel mag ich recht gern – Wenn du nach Franckfurth kommst; so bringe deine Häuser und Bäume mit – da will ich mit Euch Spielen. Erinnerst du dich noch wie du bey der Großmutter warst und wie du und Eduard in dem Eckgen meiner Wohnstube – so schön mit einander spieltet – Hochzeit – Kindbett und allerley – und den Jubel wann die Englischen Reuter kamen – und wie wir dem großen Bassa Lieder gesungen haben? Das war doch ein Capital Spaß! Ich habe gehört daß die Reihe zu reißen an dir und Eduart ist, und Ihr also bald wieder her komt – Potz Fischen! da wollen wir lustig seyn – da ich also muthmaßlich dich noch in diesem Jahr sehe, so will ich meinen Glückwunsch müdlich bey dir anbringen – Lebe indeßen wohl! Bleibe hübsch gesund! und behalte lieb

deine dich liebende Großmutter E. Goethe

Im Brief an ihren Enkel August berichtet sie auch sehr persönlich über ihre eigene Erziehung im Hause Textor.

An August von Goethe.
den 21ten July 1798

Lieber Augst!

So ofte ich ein so schön und deutlich geschriebenes Heft von dir erhalte; so freue ich mich daß du so geschickt bist die Dinge so ordentlich und anschaulich vorzutragen – auch schäme ich mich nicht zu bekennen, daß du mehr von diesen Sachen die von so großem Nutzen sind weißt als die Großmutter – wenn ich so gerne schriebe wie du; so könte ich dir erzählen wie elend die Kinder zu der Zeit meiner Jugend erzogen wurden – dancke du Gott und deinen Lieben Eltern die dich alles nützliche und schöne so gründlich sehen und beurtheilen lernen – daß andre die dieses Glück der Erziehung nicht haben im 30 Jahr noch alles vor Unwißenheit anstaunen, wie die Kuh ein neues Thor – nun ist es aber auch deine Pflicht – deinen Lieben Eltern recht gehorsam zu seyn – und Ihnen vor die viele Mühe die Sie sich geben, deinen Verstand zu bilden – recht viele viele Freude zu machen – auch den Lieben Gott zu bitten Vater und Mutter gesund zu erhalten damit Sie dich zu allem guten ferner anführen können. Ja Lieber Augst! Ich weiß aus Erfahrung was das heißt Freude an seinem Kinde erleben – dein Lieber Vater hat mir *nie nie* Kummer oder Verdruß verursacht – drum hat Ihn auch der Liebe Gott gesegnet daß Er über viele viele empor gekommen ist – und hat Ihm einen großen und ausgebreitnen Ruhm gemacht – und Er wird von allen Rechtschaffenen Leuten hoch geschätzt – da nim ein Exempel und Muster dran – denn so einen Vater haben und nicht alles anwenden auch brav zu werden – das läßt sich von so einem Lieben Sohn nicht dencken wie mein Augst ist. Wenn du wieder so Intreßante Nachrichten gesammelt hast; so schicke sie mir – Ich bin und bleibe

deine treue u gute Großmutter Goethe

An August von Goethe.
den 7ten Jenner 1803

Lieber Augst!
Es ist lange daß ich nicht an dich geschrieben habe – denn leider ist die Großmutter |: wie schon längst bekandt :| auseror-

dentlich dinten scheu – heute aber solst du trotz allem dem einen gantz marnirlichen und ordentlichen Brief von mir erhalten. Daß dir das Tuch zum Heiligen Christ bescherschel wohl gefallen hat freut mich sehr – auch alles was du mir von deiner Stube und übrigen Sachen schreibts – war mir sehr angenehm zu hören – Ja Lieber Augst – wenn ich Doctor Faust Mandel aufzufinden wüßte, da käme ich dich besuchen – Aber! Aber! die Großmutter ist so an ihre Häußliche Ordnung von langen Jahren her gewöhnt – daß ich glaube es mögte vor meine Gesundheit nicht zuträglich seyn – komme du nebst Vater und Mutter zu mir das ist beßer. a propo! du schreibst mir ja kein wort wie Sich Vater und Mutter befinden, es wird doch alles hübsch wohl auf seyn??? [...]

Grüße deine lieben Eltern
von Eurer treuen Mutter u Großmutter Goethe

Als der Enkel August in Heidelberg das Studium beginnen wollte, machte er vorher Station bei der Großmutter. Der Brief zeigt uns, warum er gerne zu ihr nach Frankfurt kam.

An August von Goethe.
den 28ten Mertz 1808

Lieber Augst!
Werthgeschätzer Herr Enckel!
Ich schreibe dir gleich mit umlaufender Post – damit du erfährts wie es mit dir gehalten werden soll – du Logiers bey keinem Menschen als bey mir – dein Stübgen ist vor dich zubereitet – das wäre mir eine saubre Wirthschaft meinen Lieben Augst nicht bey mir zu haben – Incomodiren solst du mich

nicht – dein Vater hat ja sein Wesen drinnen gehabt – deine Mutter ebenfals – und du ditto vor zwey Jahren – Wir wollen recht vergnügt seyn – ich freue mich drauf – daß nicht viel Raum in der Herberge ist das wüst Ihr ja von je – wir loben doch die Christel und die Salome. Auf deine Herkunft freuen sich hertzinniglich Betina – Stocks – Schlossers – und noch viele andre brave Menschenkinder – die Großmutter ist auch diesen Winter gantz Alegro – sie steckt aber auch wegen ihrem Todtfeind dem Nord Ost wie in einer Baumwollenen Schachtel – ist den gantzen Winter nicht ins Comedien spiel gegannen – bey gute Freunde desto mehr – aber in Peltz gehült von oben an biß unten aus – und wenn es so fortgeht so triefts du mich gesünder an als deine Liebe Mutter mich vorm Jahr gesehen hat – da war ich an Leib und Seele sehr Contrackt und gähnte die Leute an im Tackt. Wenn ich so gerne schriebe als schwätzte; so soltet Ihr Wunder hören – dieses Glück soll dir beschieden seyn – freue dich einstweilen drauf – Wir haben auch jetzt ein Museum – da steht deines Vaters Büste neben unserm Fürsten Primas seiner – der Ehren Platz zur Lincken ist noch nicht besetzt, es soll von Rechts wegen ein Franckfurther seyn ja könt eine weile warten – bey so einer Occasion oder Gelegenheit fält mir immer das herrliche Epigram von Kästner ein Ihr Fürsten – Graffen – und Prelaten – auch Herrn und Städte ins gemein – vor 20 Spesies Ducaten – denck doch!!! soll einer Goethe seyn. Grüße deinen Lieben Vater! ditto Mutter. *Vivat* die erste Woche im Aprill. Behaltet mich lieb

Goethe.

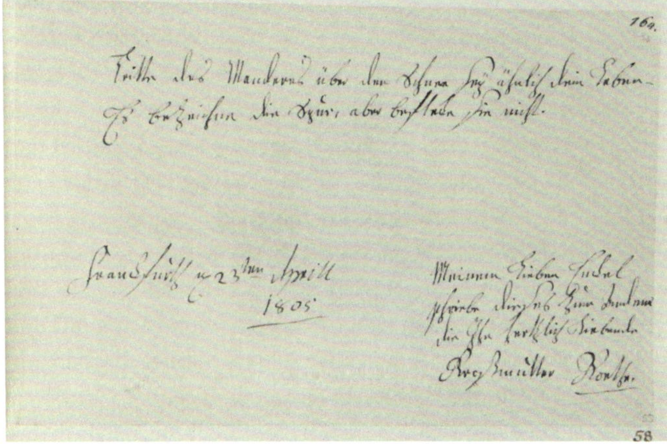

Eintrag von Catharina Elisabeth Goethe ins Stammbuch ihres Enkels August von Goethe vom 2. Mai 1805

Im April 1796 wird Frau Rat Urgroßmutter. Ihre Freude darüber bringt sie im Brief an die Enkel zum Ausdruck.

An Ludwig und Louise Nicolovius.
Den 5ten Aprill 1796

Nun dancket alle Gott! Mit Hertzen Mund und Händen, der große Dinge thut – Ja wohl – an Euch, an mir mir, an uns allen hat Er Sich auf neue als den Manifestirt der freundlich ist und deßen Güte ewiglich wäret – gelobet seye Sein Heiliger Nahme Amen. Lieben Kinder! Gott seegne Euch in Eurem neuen stand! Der Vater und Mutter Nahme ist Ehrwürdig – O! Was vor Freuden warten Eurer – und glückliches Knäbelein! Die Erziehung solcher vortreflichen Eltern und Großeltern zu genüßen – wie sorgfältig wirst du mein kleiner Liebling nach Leib und Seele gepflegt werden – wie frühe wird guter Samme in dein junges Hertz gesäht werden – wie bald, alles was das schöne Ebenbild Gottes was du an dir trägst verunziren könte ausgerottet seyn – du wirst zunehmen an Alter – Weißheit und Gnade, bey Gott und den Menschen. Die Urgroßmutter kann zu allem diesem guten nichts beytragen, die Entfernung ist zu groß – Sey froh lieber Johann Georg Eduart die Urgroßmutter kan keine Kinder erziehen schickt sich gar nicht dazu – thut ihnen allen Willen wenn sie lachen und freundlich sind, und prügelt sie wann sie greinen, oder schiefe Mäuler machen, ohne auf den Grund zu gehen – warum sie lachen – warum sie greinen – aber lieb will ich dich haben, mich hertzlich deiner freuen – deiner vor Gott ofte und viel gedencken – dir meinen Urgroßmütterlichen Seegen geben – ja das kan, das werde ich. Nun habe ich dem jungen Weltbürger deutlich gesagt – was er von mir zu erwarten hat, jetzt mit Euch meinen Lieben großen

Kindern noch ein paar Worte. Meinen besten Danck vor Eure mir so liebe und theure Briefe – sie thun meinem Hertzen immer wohl und machen mich überaus glücklich – besonders die Nachricht daß das päckgen wohl angekommen wäre, |:den darüber hatte ich große Besorgnüß:| machte mich sehr froh – den denckt nur!! wenn der Urgroßmutter ihr Machwerck worüber die gute Matrone so manchen lieben langen Tag gesesßen und geklüppelt hat wäre verlohren gegangen, oder zu spät gekommen, das wäre mir gar kein Spaß geweßen – aber so, gerade zu rechter Zeit, vier Tage |:den ich guckte gleich in Calender:| zuvor ehe das Knäbelein ankam das war scharmandt. Der kleine junge hat mir den Kopf vor lauter Freude so verrückt, daß die eigendtliche Gratulation die doch nach der ordtenlichen Ordnung zu Anfang stehen solte, jetzt hintennach kommt – bedeutet aber eben so viel, und geht eben so aus dem Hertzen. Gott! Laße Euch Freude und Wonne in großem Maaß an Eurem Kindlein erleben – Es sey Eure Stütze auch in Eurem Alter – Es seye Euch das, was Ihr Euren Eltern und der Großmutter seidt das ist der beste Wunsch beßer weiß ich keinen. Liebe Frau Gevatterin! |:der Tittel macht mir großen Spaß:| wenn dieses zu Ihren Händen kommt da ist Sie wieder frisch und flinck – aber höre Sie, seye Sies nicht gar zu sehr – gehe Sie nicht zu frühe in die Aprill Luft den der hat seine Nücken wie die alte Gertraudt im Wansbecker Boten. Bleibe Sie hübsch in ihrem Kämmerlein biß der May kommt damit kein Catar und Husten Sie beschweren möge – nun ich hoffe Sie wird guten Rath annehmen. Nun Lieber Herr Gevatter! Tausendt Danck nochmahls vor alle Eure Liebe – vor Eure schönen Briefe |:der Louise ihre mit eingeschlossen:| vor die gute hertzerfreuende Nachricht – vor die Gevatterschaft vor alles Liebes und gutes womit Ihr schon so manchmahl mein Hertz erfreut habt – Gott!

Lohne Euch dafür – Behaltet mich lieb – Ihr lebt und schwebt in dem Hertzen derjenigen die ist und bleibt

Eure treue Groß und Urgroßmutter Goethe.

N. S. Der vortreflichen Frau Gräfin von Stollberg – wie nicht minder der Lieben Tante Jacobi meinen besten Danck vor Ihre Liebe und Freundschaft gegen meine Louise – Gott! Seegne Sie davor. Der Scharlot habe sogleich den Brief überschickt – Himmel! was wird die vor Freude greinen! das ist ein hertzgutes aber cuioses Geschöpf die greint bey Freude – die greint bey Leide – wens regnet und wenn die Sonne scheint – verdirbt Ihre Augen gantz ohne Noth und macht dem Urenckelein keine Spitzen!

THEATERLEIDENSCHAFT

Die Briefe an den Frankfurter Theaterprinzipal und Dramatiker Gustav Friedrich Wilhelm Großmann (1743-1796) belegen die Theaterleidenschaft der Frau Rat, nennen ihre Lieblingsstücke und zeigen, dass sie sehr charmant, aber nachdrücklich ihre Interessen durchzusetzen wusste – vor allem, wenn es um ihre Loge und die ihrer Freundinnen ging.

An Gustav Friedrich Wilhelm Großmann

Franckfurth d 19ten Februar 1779

Lieber Herr Gevatter!

Dancke gar schön in unserm und der Welt nahmen daß durch Ihnen abermahls ein schönes Geschöppf mehr bey der Hand ist, die liebe Frau Gevatterin soll auch. |:und zwar den größten theil:| dran haben – Es ist keine geringe wohlthat vor das Menschengeschlecht, daß noch Leute da sind die die Welt mit schönen Gestalten versehen, den warlich Fratzen und Affengesichter sieht mann die menge, also nocheinmahl einen schönen großen Danck. Wie gehts Ihnen den in Bonn? sind Sie zufrieden? Haben die Leute geschmack? Vielleicht mehr als die Franckfurther. Die güngstige aufnahme des Hamlets hatte mir beynahe unser Publicum ehrwürdiggemacht, aber beym Licht besehen, war es nichts gar nichts als neugirde – etliche wenige ausgenommen resoniren sie wie die Pferde.

Vor einigen Tagen trafe ich in einer Gesellschafft eine Dame von der so genandten großen Welt an, die vom Hamlet das Urtheil fällte es wäre nichts als eine Farse – O!!! Gevatter! Gevatter! Hamlet eine Farse!!!!! Ich dachte ich kriegte auf der stelle eine Ohnmacht – Ein anderer behaubtete |:noch obendrauf mit dem ausdruck:| Daß ihn der Teufel holen solte, wo er nicht eben so ein Ding voll unsinn schreiben könte, und das war ein Dicker Vierschröderischer Weinhändler. Da ist nun als ein Gekreische von unserm Jahrhundtert, von erleuchten Zeiten u.s.w. und doch ist, |:eine kleine Zahl ausgenommen die freylich das Saltz der Erden sind:| bey denen Herrn und Damen alles so schal, so elend, so verschoben, so verschrumpft, daß sie kein stück Rindfleisch kauen und verdauen können – Milchbrey – gefrohrne sachen – Zuckerpletzger – hogout das ist ihr Labsahl, freylich verderben sie sich den Magen dadurch noch immer mehr, aber wer kan helfen – Wen ich Schauspiel Direcktor wäre, |:so will ich schippen Dame seyn:| wen sie nicht den Hermann von Frau Gottsched zu genießen kriegen solten, es ist ein feines stück, regelmäßig, moralisch, mit einem wort nicht schwer zu verdauen – Der Schauplatz stelt einen Wald vor, an den Bäumen hangen Bildnüße von alten Helden, Herrmann und sein Vater tretten auf – Vater. Nun Herman höre zu, und mercke mit bedacht, warum dein Vater dich in diesen Hayn gebracht – Sohn!!! wo dich Muth und Glück zu edlen Thaten tragen; so laß dir deine Pflicht |:Er wendet Sich gegen die Bäume:| von diesen Bildern sagen u.s.w. Was Herman drauf zur Antwort gibt habe ich vergeßen, den ich war 10 Jahr alt als es hir gegeben wurde. Halt – ho, ho – es war mein steckenpfferd gemeint, das gar zu gern im Galopp geht, der spaß pasirt ihm eben nicht oft – Wenn ich in eine honette Companie gehe wirds vernageld. Darum thut ihm die Freyheit so wohl, aber jetzt Punctum Die Commision nach Weimar so wohl wegen der guten Muhme als auch wegen des Coffers sind aufs Beste besorgt, und erwarte ich von Phillipp Herrn Goethens Blitz pagen ehestens antwort die Sie so gleich vernehmen sollen. Die liebe Frau Gevatterin ist doch wieder recht wohl? grüßen Sie Sie ja recht schön – und die goldne Lotte, und das Hänßgen, Vergeßt auch die Flittnern nicht, und zwar das alles von Herr Rath und von mir, die ich bin, lieber Herr Gevatter! Eure wahre Freundin.

C.E. Goethe.

An Gustav Friedrich Wilhelm Großmann
den 27ten Augst 1780

Lieber Herr Gevatter!
Schon wieder eine Angelegenheit! Es wird nehmlich um die Loge No. 9 weidlich gezanckt – Die Streitenten Parteien sind, Frau Bettmann Metzler, Frau Bernus, und Frau Rath Goethe eines theils, Contra Herrn Behrnhard von Offenbach andern theils. Frau Bettmann behaubtet, daß Sie diese Loge schon vorige Meße bey Herrn Helmuth, und dem Scheideweiler bestelt habe – In dieser gewißen Zuversicht suchte Sie nun Abonenten, und Frau Bernus und ich sagtens Ihr gleich zu. Nun kommt Bernhard und will die nehmliche Loge auch haben – Frau Bettmann beruft sich auf Ihr älteres Recht und will weil Ihre Schwägerin, die Bettmann Schaffin die Loge No. 8. hat absulut keine andre nehmen – Ferner führt Sie zum besten Ihrer sache an, daß Sie, und die gantze Bettmannische Familie vor und nach der Meße

niemahls fehlen, da hingegen Bernhardt nur die Meße käme, und Sie überhaupt die Loge gleich nach der Ostermeße, bey Herrn Helmuth bestelt hätte. Ich bin in der sache unparteiisch, ich werde wohl zum Lachen und Greinen ein Eckelgen finden, und die Bernus mögte auch zusehen, wie Sie zurecht käme – Aber Lieber Herr Gevatter! Um Ihnen ists mir zu thun – Die Bettmänner haben großen einfluß in hisiger Stadt, und die vielen Fremden die die Meße über bey Ihnen aus und eingehen, macht auch etwas aus, die den doch allemahl auch einigen einfluß haben. Da nun noch überdiß Nr. 10 nicht vergeben ist; so könte Herr Bernhardt meiner Meinung nach wohl damit zufrieden seyn. Herr Helmuth dürfte nur bezeugen, daß die Loge No. 9. an Frau Bettmann durch Ihn schon wäre versprochen gewesen, daß aber Scheideweiler nichts davon gewußt hätte. Jetzts überlegts lieber Herr Gevatter! Antwortet nur mit zwey Zeilen – denn die Bettmännin ist so krittlich wie ein Kind das zahnt. Übrigens freue ich mich recht sehr Sie und alles was Sie mitbringen wieder zu sehen. Leben Sie wohl! Ich bin immer

Ihre wahre Freundin C.E. Goethe

An Gustav Friedrich Wilhelm Großmann

Franckfurth den 4ten Februar 1781

Lieber Herr Gevatter!

Längst hätte ich Ihren mir so angenehmen Brief beantwortet, wäre nicht beykommende Theater Zeitung |: die ich doch gern mittschicken wolte: | bey Buchbinder geweßen. Ja lieber Herr Gevatter Ihr Brief hat mich recht gefreut! Das wird ja die Meße recht hübsch werden, da Sie so gute Leute mitbringen – vor mich wirds ein groß gaudium seyn, meine Leibstücker mir vortragiren und vor Comisiren zu laßen – Als da sind Hennriette, trau schau wem, die Schwiegermütter, der Schmuck, und wenn die Nobleße eine glatte Haut hätte – die 6 Schüßlen aber aber das Stück ist vor die art Menschen zu starcker Taback – den Berlinern verdirbts den Magen nicht – das ist unerhört wie ofts Döbelin aufgeführt hat – und ich habe eine Berliner Dame gesprochen, die mich versicherte, das Hauß seye jedesmahl zum erdrücken voll geweßen. Emilia Galotti, Hammlet, Clavigo, Ariadne – und beynahe hätte ich meine Minna von Barnhelm vergeßen – wan ich noch an das Stück dencke, und wie alle rollen so gut besetzt waren; so ist mirs immer noch ein Jubel. Vorstehendes und was ihm ähnlich ist währe nun so ohngefähr mein geschmack – Was aber Franckfurth überhaubt betrieft, so mag der liebe Gott wißen was sie wollen – Schon vor 40 Jahren |:sagte mir mein alter Agend *Schneider*:| hätte Madam Neuberin beynahne eben das gesagt und geklagt. Solte ich aber in Erfahrung bringen was dieser oder jener gern sähe und wolte; so will ichs Ihnen |:verlaßen Sie Sich drauf:| redlich melden. Von dem schönen Geleße des Königlichen Verfaßers habe mir gar viel erzählen laßen – Aber sonderbahr ists doch, daß so gar unsere Philister sagen – Ihro Könignichkeiten hätten Sich damit, doch etwas prostituirt. Ich laße neulich eine Anneckdotte von der großen Königin der Britten Elisabeth, die die Aufschrift hatte – Die größte Königin ist doch nur ein Weib – Hier mögte ich sagen, der größte König ist doch nur – ein Mensch! Meinem Sohn ist es nicht im Traum eingefallen seinen Götz vor die Bühne zu schreiben – Er fand etliche spuren dieses vortrefflichen Mannes in einem Juristischen Buch – ließ sich Götzens Lebens Beschreibung von Nürmberg kommen, glaubte daß es anschaulicher wäre in der Gestalt wies vor Augen liegt, webte einige Episoden hinein, und ließ es aus gehn in alle Welt. Meiner lieben Frau Gevatterin, wünsche Heil und Seegen ins Wochenbett – Hoffen doch daß es wieder was hübsches geben wird – so ohngefähr wie Lotte und Hanß Wolf. Frau Bettmann Metzler und ich haben unsere Loge No. 9 schon beym Kopfe gekriegt, andre Leute mögen auch zusehn, wie sie zurechte kommen. Nun leben Sie recht wohl! Grüßen Ihr gantzes Hauß – Bald sage ich Ihnen mündlich, daß ich bin – Ihre wahre Freundin.

C.E. Goethe

Carl Wilhelm Ferdinand Unzelmann (1753-1832) gehörte seit 1784 als Schauspieler zu Großmanns Truppe in Frankfurt am Main. Unzelmann brillierte in komischen Rollen und war ein geistreicher, witziger und charmanter Gesprächspartner. Frau Rat schätzte ihn außerordentlich und arrangierte Gesellschaften für ihn in ihrem Haus. Unzelmann war aber auch ein Schürzenjäger und Verschwender. Durch eine Intrige geriet er in Schwierigkeiten, denen er sich am 13. April 1788 durch Flucht entzog. Er verließ auch seine Freundin und Wohltäterin, die Frau Rat, ohne Abschied und ließ beträchtliche Schulden zurück.

An Carl Wilhelm Ferdinand Unzelmann

Geschrieben am 2ten Pfingstag [12. Mai] krank an Leib und Seele. fortgeschickt den 13ten May 1788.

Lieber Freund!

Ich soll mich nicht beunruhigen – nicht ängstigen – soll auf die Zukunft bauen! Ich! die so klahr und deutlich sieht, daß alles darauf angelegt ist, Sie auf ewig von uns zu entfernen – so offte mir eine Zeitung zu Gesichte kommt zittern mir alle Glieder Ihren Nahmen auf eine schimpfliche Weiße drinnen zu finden – und ist nur die kleinste Drohung – der minsteste trotz in dem Schreiben der dortigen Commission enthalten; so ist das Unglück gewiß, und Sie sind vor uns auf immer verlohren – Ein Haußarest wäre Ihnen lange lange nicht so schimpflich geweßen – wie wenig Menschen hätten das erfahren – aber Zeitungen die in alle Welt laufen – vom großen und kleinen Pöbel geleßen werden, in Gegenden, wo Ihnen jedes Kind kent; so was geht über alles! und nun das Gerede in allen Gesellschafften – und Ihre Freundin mitten drunter – was soll die nun machen oder welche Rolle soll sie spielen! Habe ich nicht schon genung um Ihrent willen geduldet – vergeben, getragen, gelitten, und nun noch dieses schreckliche alles schrecklichen – O! Schicksahl womit habe ich das verdient! Meine Meinung war so gut, so bieder – ich wollte das Glück eines Menschen machen – und that gerade das Gegentheil – hätte ich Ihn gelaßen wie und wer Er war – Er wäre noch bey uns das bin so fest überzeugt als von meinem eigenen Daseyn – Verzeihen Sie Lieber Freund! daß meine Briefe keines beßern und vergnügerns Inhalts sind, gegen Ihnen kan und mag ich mich nicht verstellen – Sie müßen mir vergönnen mein Hertz auszuschütten – Diese Freundschaftsprobe verdiene ich doch – nicht wahr? Drey Tage war ich bettlägrig heute stunde ich mit dem Trost auf einen Brief von Ihnen zu erhalten – aber es kam keiner – Es ist zweyter Feyertag, alles fährt und läuft – ich sitze einsam in meiner Wohnstube – und weiß meine Zeit nicht besser anzuwenden als an Ihnen zu schreiben – Wären Sie hie so wüßte ich wohl – daß ein klein Bouteilligen Tyrannen Blut würde genoßen werden Aber die Zeiten sind vorbey!

Diese berühmte Wohnstube hat Ihnen doch machen gram von der Stirne gewischt – es war so ein Asilum wenn die Winde tobeten und der Donner in den Lüften rollte – Es war gar ein sicherer Haven wenn das Schifflein von den Wellen um und um getrieben wurde – Erinnern Sie Sich noch der Dose die ich Ihnen vor 3 Jahren nach Cassel schickte wo ein Mann mitten im Schiefbruch einen Fels ergliemte, und die Worte die ich dabey schrieb? nun sind Sie wieder zur See gegangen – Gott lasse Ihnen immer einen sichern port finden wo Sie Anker werfen können. Die Gesellschaft bleibt den gantzen Sommer hie!!! und wird die Woche dreymahl spielen – Koch hat den Fallstaf in Heinrich dem Virten recht brav gespiel – aber das Stück ist kein Gericht vor Frankfurth […].
Aber als ich meinen Jäger nicht sah! Da war mirs alleins was sie trillerten und wie sie trillerten – Doch muß ich zu steuer der Wahrheit sagen, daß die Cosa Rara keine grißmaßen schniede und das Duet mit Stegmann so vortreflich sang daß es 3 mahl wiederholt werden muße – und das terzet mit der Königin 2 mahl. Es ist sonderbahr daß ich Herrn Chike der jetzt meist Ihre Rollen spilt noch in keiner gesehen habe […] – Lieber Freund! Nur eins mögte ich wißen – haben Sie denn gar nicht an mich gedacht – da Sie den Contrakt von dort unterschrieben? auch gar nicht an die folgen und an die Wirkung die so was auf mich nothwendig machen müßte – Sie wußten doch bei Gott alles! das ist mir immer das unbegreiflichste bey der gantzen Sache geweßen und ist es noch – denn ich gestehe Ihnen, so ein Schritt wäre mir nicht im Schlaf eingefallen – Stock und sein Weib grüßen Ihnen aufs beste – Deßgleichen Elise Bethmann ob Sie ihr schon zwey paar Strümpfe von Ihrem Mann mitgenommen haben auch Freund Thurneißen – Sagen Sie ja an Freund Heinrich nicht daß ich Ihnen von seinen Brie-

fen schicke – Er mögte mir sonst nicht mehr schreiben – Grüßen Sie die Frau Gevatterin – von

Ihrer Freundin Elisabeth

Frau Rat interessierte sich nicht nur für das Frankfurter, sondern auch für das Weimarer Theater. Und sie liebte offenbar vor allem die Stücke von Friedrich Schiller.

An Goethe.
den 9ten Aprill 1804

Lieber Sohn!
[...] Vor den mir überschickten Comedien Zettel von Willhelm Teil dancke gar gar schön, er hat mir mehr als eine Freude gemacht, erstlich habe ich das weimarer Theater personahle daraus ersehen |: freylich weiß mann manchmahl nicht weil kein Herr – keine Madam u Demoiselle dabey steht welches von den dreyen die Person eigendlich ist und vorstelt – da wir auf unsern Zettlen gleich wißen woran wir sind: | zweytens da das Kind nun das Tages Licht erblickt hat; so werde ich es auch zu sehen bekommen – und diese Erwartung macht mich sehr glücklich – Grüße Schiller! Und sage Ihm, daß ich Ihn von Hertzen Hochschätze und Liebe – auch daß Seine Schrieften mir ein wahres Labsahl sind und bleiben – Auch macht Schiller und du mir eine unaussprechliche Freude das Ihr auf allen den Schnick – Schnack – von Rezenziren – gewäsche – Frau Baaßen geträsche nicht ein Wort antwortet; da mögten die Herrn sich dem sey bey ergeben – das ist prächtig von Euch – Hätte das Herr von Meyer verstanden; so hätte Er sich nicht so viel ärger zugezogen! Fahrt in diesem guten Verhalten immer fort – Eure

Wercke bleiben vor die Ewigkeit – und diese armselige wische zerreißen einem in der Hand – sind das planiren nicht werth puncktum. [...] – Lieber Himmel! Es krablen ja so viele um den Parnaß – laße Ihn mit krablen. Grüße meine Liebe Tochter – den Lieben Angst –

von Eurer treuen Mutter u Großmutter Goethe

Catharina Elisabeth Goethe: Silhouette

NACHWORT

»Und Lust zu fabulieren«

Als Johann Wolfgang von Goethe 1784 den Entschluss fasst, seinen Zögling Friedrich (»Fritz«), den Sohn seiner Freundin Charlotte von Stein, zu seiner Mutter nach Frankfurt am Main zu schicken, und der gehorsame Schüler sich bei Catharina Elisabeth Goethe mit einem Brief ankündigt, stellt sich ihm die damals 53-Jährige in ihrem Antwortbrief wie folgt vor: *Von Person bin ich ziemlich groß und ziemlich korpulent, – habe braune Augen und Haar, – und getraute mir die Mutter von Prinz Hamlet nicht übel vorzustellen. [...] Ordnung und Ruhe sind Hauptzüge meines Charakters, – daher thu' ich Alles gleich frisch von der Hand weg, – das Unangenehmste immer zuerst, – und verschlucke den Teufel [...] ohne ihn erst lange zu bekucken; liegt denn Alles wieder in den alten Falten, – ist Alles unebene wieder gleich, dann biete ich dem Trotz, der mich in gutem Humor übertreffen wollte.*« An Friedrichs Mutter, Charlotte von Stein, schrieb sie: *Zwar habe ich die Gnade von Gott, daß noch keine Menschenseele mißvergnügt von mir weggegangen ist – weß Standes, alters, und Geschlecht sie auch geweßen ist – Ich habe die Menschen sehr lieb – und das fühlt alt und jung gehe ohne pretention durch diese Welt und das behagt allen Evens Söhnen und Töchtern – bemoralisire niemand – suche immer die gute seite aus zuspähen – überlaße die schlimme dem der den Menschen schufe und der es am besten versteht, die scharffen Ecken abzuschleifen, und bey dieser Medote befinde ich mich wohl, glücklich und vergnügt.*

Diese vortrefflichen Selbstbeschreibungen charakterisieren auch den Schreibstil von Goethes Mutter, der alles Formelhafte und Prätentiöse fremd war. Die damals üblichen Stilregeln zum Briefeschreiben kannte sie nicht oder ignorierte sie. Frau Rat besaß eine eigene, wildwüchsige Orthografie, schrieb ganz nach ihrer Natur in ihrer volkstümlichen Alltagssprache. Bereits Bernhard Suphan, der Ende des 19. Jahrhunderts ihre Briefe in den Schriften der Goethe-Gesellschaft herausgab, merkte an: *Sie redet, indem sie schreibt.* Diese Unmittelbarkeit, der Verzicht auf Brieffloskeln und die sonst übliche Etikette machen den Reiz dieser Briefe aus. Christoph Martin Wieland, erfolgreicher Dichter und Prinzenerzieher am Weimarer Hof, bezeichnet diesen temperamentvollen Briefstil als *Frau Ajas Manier* und schätzte auch ihr literarisches Urteil. Im März 1780 bekennt er dem gemeinsamen Freund Johann Heinrich Merck: *Ich hab' inzwischen von Frau Aja einen Großen Brief erhalten, der mich auf etliche Tage guter Laune gemacht hat. Es geht in der Welt nichts über die Weiber von dieser Art um sich von Poeten und Propheten gefangen nehmen zu lassen; nur schade daß sie immer rarer werden. Frau Aja ist die Königin aller Weiber, die Herz und Sinnen des Verständnisses haben.*

Wielands Begeisterung für die Mutter Goethes teilen alle Besucher des Hauses im Großen Hirschgraben. Auch nach seinem Weggang nach Weimar kamen noch viele seiner Freunde zu Besuch und wurden als »Söhne« und »Töchter« aufgenommen. Schon als Goethe noch in seinem Elternhaus lebte, bekam sie von ihnen den Ehrennamen *Mutter Aja*, und Wieland bezeichnete das Goethe-Haus als *wahre Casa santa*, nachdem er mit Merck und dem jungen Konzertmeister Johann Friedrich Kranz im Dezember 1777 bei Goethes Eltern einige wundervolle Tage verlebt hatte. Dass durch den Sohn Gäste ins Haus kamen, gehörte zum geselligen Leben der Familie. Ihr Haus war gastlich, und nicht erst der Ruhm des Sohnes führte Besucher auf Besucher in den Großen Hirschgraben. Die meisten saßen in der blauen Stube im Erdgeschoss am großen runden Tisch und wurden gut bewirtet. Im April 1771 überbringt Johann Gottfried Herder der Familie Grüße des noch in Straßburg weilenden Sohnes; es folgen Basedow, Bürger, Heinse, Merck, Jacobi, Jung-Stilling, Klinger, Klopstock, Lavater, Lenz, der Maler Müller, Nicolai und Wieland. Eine stolze Riege angesehener Dichter, die unter dem Familienwappen mit den drei Leiern über die Schwelle der Eingangstür in Goethes Elternhaus traten und vor allem die Mutter des Dichters in ihr Herz schlossen.

Die authentischste Schilderung der Atmosphäre am *runden Tische* bei Frau Aja stammt wohl von Konzertmeister Kranz, der die Stunden dort zu den glücklichsten seines Lebens zählt: *ich saß da und lachte oft bis zur Unanständigkeit, so wie mich denn auch hinwiederum viele Gespräche sehr ernsthaft, nachdenkend und beinah zum Weinen gebracht haben. [...] der Herr Rath war immer stille, doch, wie ich glaube, innerlich vergnügt, nur daß es nicht zum Ausbruche kam, sagte aber doch einige Mal: »O, das ist gut! O, das ist gar gut!« Sie saßen mir gegenüber als die Großmächstigste. So viel Sie auch in dem Gespräch interessirt sein mochten, so entschlüpfte Ihnen doch nichts, was außerdem im Zimmer vorging. Unter währenden Reden einen tiefen Blick auf Herrn Rath und – immer wieder fortgesprochen. Ihre Servante mochte ein paarmal im Auftragen was vergessen haben, Schwups! – kriegte die einen Hieb und immer wieder fortgesprochen – ich saß dann immer wieder da und sog nur ein.* Begeistert äußert sich Ende November 1778 auch Johann Caspar Bölling, ein Freund der Familie Goethe: *Mutter Aja die große, die herrliche, soll ewig leben!* Ihre besondere Ausstrahlung machte auch vor Standesschranken nicht halt und faszinierte selbst Goethes jungen Herzog Carl August, der im Herbst 1779, gemeinsam mit Goethe, das Elternhaus des Dichters besuchte. An seine Mutter, die Herzogin Anna Amalia, schrieb er: *Göthens Mutter ist eine herrliche Frau. Ich freue mich erstaunl[ich] Sie zu kennen;* und in einem Brief an seine Frau, die Herzogin Louise, heißt es: *Seine Mutter ist eine ganz treffliche Frau, voll Liebe und Größe.*

Auch der Sturm-und-Drang-Dichter Friedrich Maximilian Klinger konnte sich dem besonderen Zauber der Frau Rat nicht entziehen. Ende Mai 1776 schreibt er an Philipp Christoph Kayser: *du glaubst nicht, was das für ein Weib ist, und was ich an ihr hab. Wie manche Stunde hab ich vertraut bey ihr auf den Stuhl genagelt zugebracht und Märchen gehört.* Offenbar war die Frau Rat eine besonders beliebte Gesprächspartnerin. Sie konnte lebendig, fantasievoll und heiter erzählen und besaß zugleich auch die Autorität, ihren Umkreis durch eine ihr von Natur eigentümliche Würde und Liebeskraft zu regieren, wie es Alfons Paquet einmal formulierte, der betont, dass diese starken Charaktereigenschaften nicht anerzogen waren, sondern sich aus den angeborenen Gaben *ohne Schnürbrust* entwickelten. Viele der jungen Besucher aus Goethes Bekannten- und Freundeskreis begriffen gerade diese Eigenschaften als Erbgut Goethes, das von der Mutter auf den Sohn übergegangen war. So schreibt der westfälische Dichter Anton Matthias Sprickmann an Heinrich Christian Boie: *Nun begreife ich recht gut, wie Göthe Göthe ward. So war Thusnelda! ein Geschöpf von bestem Zuschnitt zu einem herrlichen Mann, das Gott weiß durch welchen eigensinnigen Vergriff der Natur ein Weib ward.* Diese Sichtweise hat auch Goethe selbst gefördert, dessen Vierzeiler diese Rolle der Mutter für die Nachwelt festschrieb: *Vom Vater hab' ich die Statur, /*

Des Lebens ernstes Führen, / Vom Mütterchen die Frohnatur / Und Lust zu fabulieren. Catharina Elisabeth Goethe schmeichelten diese Vergleiche, doch sie blieb in bewährter Weise auf dem Boden der Tatsachen und merkte in einem Brief an den Sohn über ihren Anteil an seinem Genie an: *Villeicht ein Gran Hirn mehr oder weniger und du wärstes ein gantz ordinerer Mensch geworden und wo nichts drinnen ist da kan nichts raus kommen.*

Damit verkörpert Catharina Elisabeth Goethe bis heute exemplarisch den Typus der Frankfurterin, der in seiner Besonderheit nirgends sonst auf der Welt denkbar ist und zu dessen besonderen Wesenszügen es gehört, immer auf dem Boden der Tatsachen zu bleiben und trotz der Lust am Fabulieren Fantasie und Wirklichkeit nie zu verwechseln. Aber die *Lust zu fabulieren* und die lebhafte Fantasie, mit der sie ihre Briefpartnerinnen und -partner beglückte, merkt man jedem ihrer Briefe an. Das macht sie zu einer großen Briefschreiberin, aber auch, dass sie mit viel Einfühlungsvermögen auf ihre unterschiedlichen Briefpartner eingehen konnte, mochten es nun Fürstinnen, Hofdamen oder Schauspieler sein. Eine freundschaftliche Beziehung verband die bürgerliche Frau Rat etwa mit der Herzoginmutter Anna Amalia, die sie im Jahr 1778 gleich zweimal in Frankfurt am Main besucht hatte. Seither wechselten die beiden Briefe und tauschten Geschenke aus. Wieland berichtet Frau Aja, wie freudig ihre Briefe am Weimarer Hof aufgenommen wurde: *Mit dem Brief an die Herzogin bin sogleich selbst hingegangen, und habe zum Recompens für die Freude die Ihr Eure prosa machte, einen gar herrlichen Abend mit dieser in wahrheit unvergleichlichen Frau zugebracht. Ich habe sie in 7 Jahren nie so guten Humors gesehen als an selbem Abend.* Und wenig später heißt es an Merck: *wenn sie [die Herzogin] wieder einen Brief von dir oder der Mutter Aja bekommen hat, so spricht sie nicht anders davon als ob ihr ein groß Glük wiederfahren wäre, recht wie das Weib im Evangelio, die Ihre Nachbarinnen aufruft sich mit ihr zufreuen, daß sie ihren Groschen funden habe.*

Dieses *groß Glük*, das vor gut 200 Jahren die Briefe der Frau Rat bei den Empfängern auslöste, will auch diese Auswahl den Leserinnen und Lesern bereiten. Aus den insgesamt gut 400 erhaltenen Briefen der Frau Rat wurden hier die schönsten ausgewählt. Denn ihre Briefe zeichnen vielleicht das beste Bildnis, das wir von ihr besitzen – farbenfroh, lebendig und zeitlos. Darin unterscheiden sie sich von dem einzigen authentischen Bildnis der Frau Rat, dem Pastell von Georg Oswald May von 1776, das sich im Frankfurter Goethe-Haus befindet und das sie ein wenig bieder mit Haube zeigt. Ihre Briefe sprechen für sich und malen das Bild einer selbstbewussten Frau, souverän, gesellig und gläubig, klug und mit viel Humor und Esprit. Goethes Mutter besaß einen gesunden Menschenverstand, eine große Natürlichkeit, geistige Beweglichkeit und vor allem eine optimistische Lebensauffassung sowie eine Freude am Putz, an gutem Essen und Trinken. Wie viele Frankfurterinnen liebte sie den Gedankenaustausch mit Freunden und den geselligen Umgang, tanzte, las und musizierte gern und war bis ins hohe Alter eine leidenschaftliche Theaterbesucherin.

Allerdings ist das farbenfrohe Bild der mütterlichen »Frohnatur«, das Goethe mit seinem bereits zitierten Xenion in die Welt gesetzt hat und das von der Forschung nur allzu gern beglaubigt wird, auch ein bearbeitetes. Ernst Beutler hat in seinem großartigen Essay über Catharina Elisabeth Goethe zu Recht die Frage gestellt, ob es nicht Goethe war, der das Bild der »Frohnatur« prägte, indem er z. B. die Briefe seiner Mutter über das Leiden oder über den Tod seiner Schwester Cornelia vernichtete. Goethe hat in regelmäßigen Abständen alte Briefe und Papiere dem Feuer übergeben. Beutler nannte das *ein geheimes seelsorgerisches Anliegen* Goethes, die alten, auch unangenehmen Dokumente aus der Zeit seines Werdens der Nachwelt nicht zu erhalten. Das gilt leider auch für die frühen Briefe seiner Mutter – also für jene Korrespondenz nach Leipzig, Straßburg oder Wetzlar. Was wüssten wir sonst alles über das Leben in seinem Elternhaus. So stammt ihr erster erhaltener Brief an den Sohn vom 23. März 1780. Aber auch Frau Rat selbst hat ab dem Jahr 1793, als sie entschied, das Haus im Großen Hirschgraben zu verkaufen, vieles vernichtet. Anders als ihr Mann war sie keine Sammlerin. Sie trennte sich leicht von dem *gantzen ausgesuchten Plunder.* So auch im November 1793, als sie ihrem Sohn mitteilt: *Drey Centner Papier habe durchsucht – das wenige nützliche (wovon du in einem Kästlein auch etwas erhalten haben wirst) habe beybehalten – das andre auf die Papirmühle verkauft*. Man möchte sich gar nicht vorstellen, welche unersetzlichen Lebenszeugnisse und Dokumente damals zum Altpapier kamen.

Man kann aber davon ausgehen – und ihre Biografie zeigt dies auch –, dass es in ihrem Leben viele dunkle und schmerzliche Stunden gab, von denen in den Briefen jedoch selten die Rede ist. Ihr Leben war ein typisches Frauenleben der Zeit. Catharina Elisabeth wurde am 19. Februar 1731 in der Freien Reichsstadt Frankfurt am Main geboren, als älteste Tochter von Johann Wolfgang Textor (1693-1771), der einer angesehenen Juristenfamilie der Stadt angehörte und das hohe Amt des Reichs-, Stadt- und Gerichtsschultheißen bekleidete. Seine Frau Anna Margareta Lindheimer (1711-1783) war ebenfalls die Tochter eines Juristen. Wie damals üblich erlernte Goethes Mutter als Mädchen nur die nötigsten Kenntnisse im Schreiben und Rechnen. Vieles lernte sie erst nach der Eheschließung mit dem 38-jährigen Kaiserlichen Rat Johann Caspar Goethe, der ihre musischen Talente förderte und, wie seine Haushaltsbücher zeigen, ein liebender und fürsorglicher Ehemann war. Die junge Frau, bei der Hochzeit 1748 gerade einmal 17 Jahre alt, war für ihn eine gute Partie und sicherte seinen sozialen Aufstieg in der Frankfurter Stadtgesellschaft. Anders war die Situation für Catharina Elisabeth, die nun vom repräsentativen Hofgut der Textors in der Friedberger Gasse in das alte Haus der Goethes im Großen Hirschgraben ziehen musste. Aufgewachsen mit fünf jüngeren Geschwistern und mit einem weitläufigen Garten, lebte sie nun in zwei dunklen, verwinkelten spätmittelalterlichen Fachwerkhäusern, zu denen nur ein kleiner gepflasterter Hinterhof gehörte. Und neben dem Ehemann, der etwa das gleiche Alter hatte wie ihre Mutter, lebte noch die achtzigjährige Schwiegermutter Cornelia im Haus und bewohnte im Erdgeschoss zwei Zimmer neben der Küche. Am 28. August 1749 wurde mit Johann Wolfgang das erste Kind geboren, 1750 kam die Tochter Cornelia zur Welt. Fünf weitere Kinder folgten, die aber alle früh starben. Später pflegte sie mehrere Jahre ihren kranken Mann zu Hause. Sie erlebte kriegerische Zeiten, mit mehreren Besetzungen der Stadt durch französische Truppen und musste zahlreiche Einquartierungen über sich ergehen lassen. Ab 1782 führte sie eigenständig und emanzipiert einen eigenen Haushalt. Die Tatsache, dass ein unbekannter Frankfurter Bürger einen Antrag beim Schöffengericht stellte, die Verwaltung des Goethe'schen Familienvermögens nicht der Frau Rat zu überlassen und an einen männlichen Vormund zu übertragen, zeigt, wie schwierig und ungewöhnlich es damals selbst für eine gestandene 51-jährige Frau war, ihren Haushalt und die Geldgeschäfte allein zu führen, nachdem der Ehemann gestorben war. Erst als Goethe auch im Namen des Schwiegersohnes Schlosser sich jede Einmischung verbat und die bisherige Vermögensverwaltung seiner Mutter lobte, war die Angelegenheit beigelegt. Davon erzählen die Briefe nichts.

Unsere Auswahl beginnt mit dem ersten erhaltenen Brief an Johann Caspar Lavater. Er stammt aus dem Jahr 1774, da war sie bereits 43 Jahre alt. Lavater und Frau Aja verband große Sympathie. Er nennt sie eine *trefflich natürliche Frau*. Ihr Porträt, das er für seine ›Physiognomischen Fragmente‹ anfertigen ließ, charakterisierte er wie folgt: *Gutes, mütterliches, regierungsfähiges Weib, die in sehr vielem sein kann, was sie will. Der untere Teil hat viel Einfalt, Künstlersinn, Adel.* Am Ende unserer Sammlung steht ihr letzter erhaltener Brief an Bettine Brentano, geschrieben an Goethes 59. Geburtstag am 28. August 1808. Insgesamt sind es 71 Briefe, die diesmal – anders als in früheren Ausgaben – in verschiedene thematische Kapitel eingefügt wurden. Dabei sind die beiden großen Abteilungen zum »Leben im Elternhaus« und der Zeit in der neuen Wohnung am Roßmarkt im Haus Zum Goldenen Brunnen (»Frankfurter Geschichte(n)«) die umfangreichsten und in sich chronologisch geordnet. Eigene Kapitel erhielten die Briefe, in denen man etwas über Goethes Leben erfährt, die Briefe an Kinder und solche, die ihre besondere Leidenschaft für das Theater belegen.

Die sehr eigensinnige Orthografie der Frau Rat musste beibehalten werden, weil diese Schreiben in hochdeutscher oder modernisierter Schreibweise ihren besonderen Charakter verlieren. Die Briefe der Frau Rat sind gesprochene Sprache, *in Wortwahl, in Satzbau, in Rhythmus und Sprachmelodie geprägt durch die Unmittelbarkeit ihres Temperaments,* weshalb Ernst Beutler, der Herausgeber der ›Briefe aus dem Elternhaus‹, empfahl, sie laut zu lesen. Es scheint, als seien die Worte aus der Unterhaltung heraus gleich aufs Papier geflossen. In einer Sprache, die immer klar ist, unmissverständlich, manchmal derb, doch stets ein untrüglicher Spiegel des Empfindens. Sicher ist jedoch, dass sie nicht *auserordentlich dinten scheu* war, wie sie ihrem Enkel August von Goethe schrieb. Aber sie musste auch etwas zu sagen haben, wenn sie sich zum Schreiben hinsetzte. In der Autobiografie ihres Sohnes ist nirgends ausführlich von ihr die Rede. In seinem Text ›Aristeia der Mutter‹, der schließlich keine Aufnahme mehr in ›Dichtung und Wahrheit‹ fand und sich hauptsächlich aus den Aufzeichnungen von Bettine Brentano speiste, hat er mit Blick auf die Mutter zu Beginn mit eigenen Worten den besonderen Wert von Briefen hervorgehoben, *weil sie das unmittelbare des Daseyns aufbewahren.* Als sein Altersfreund Carl Friedrich Zelter (1758-1832) den Wunsch äußert, einen Brief der Frau Rat zu erhalten, schreibt ihm Goethe: *Hier liegt auch ein Brief von meiner Mutter bei, den Du wünschtest; darin, wie in jeder ihrer Zeilen, spricht sich der Charakter einer Frau aus, die in alttestamentlicher Gottesfurcht ein tüchtiges Leben voll Zuversicht auf den unwandelbaren Volks- und Familiengott zubrachte und, als sie sich ihren Tod selbst ankündigte, ihr Leichenbegräbnis so pünktlich anordnete, daß die Weinsorte und die Größe der Bretzeln, womit die Begleiter erquickt werden sollten, genau bestimmt war.*

Catharina Elisabeth Goethe blieb sich selbst treu bis zuletzt. Sie starb am 13. September 1808.

Joachim Seng

INHALT

Gesetzt in der Schrift Palatino LT STd. Gedruckt auf holzfreies, alterungsbeständiges Werkdruckpapier der Firma Cordier, Bad Dürkheim, von der Memminger MedienCentrum AG, Memmingen. Gebunden in Fadenheftung von der Conzella Verlagsbuchbinderei GmbH & Co. KG, Aschheim-Dornach. Dieses Buch wurde klimaneutral produziert: climatepartner.com/14438-2110-1001. Printed in Germany.
ISBN 978-3-458-19509-2.
www.insel-verlag.de